贫困村里话扶贫

——人民银行总行机关2015年新录用人员扶贫调研报告

中国人民银行机关团委　编

中国金融出版社

责任编辑：童祎薇
责任校对：潘　洁
责任印制：张也男

图书在版编目（CIP）数据

贫困村里话扶贫（Pinkun Cunli Hua Fupin）：人民银行总行机关2015年新录用人员扶贫调研报告/中国人民银行机关团委编．—北京：中国金融出版社，2017.10
ISBN 978-7-5049-9226-0

Ⅰ．①贫…　Ⅱ．①中…　Ⅲ．①扶贫—研究—中国　Ⅳ．①F126

中国版本图书馆CIP数据核字（2017）第238201号

出版
发行　中国金融出版社
社址　北京市丰台区益泽路2号
市场开发部　（010）63266347，63805472，63439533（传真）
网 上 书 店　http://www.chinafph.com
（010）63286832，63365686（传真）
读者服务部　（010）66070833，62568380
邮编　100071
经销　新华书店
印刷　北京市松源印刷有限公司
尺寸　140毫米×210毫米
印张　6.625
字数　138千
版次　2017年10月第1版
印次　2017年10月第1次印刷
定价　20.00元
ISBN 978-7-5049-9226-0

目 录

带来希望，带走重担

○ 办公厅　黄泳

根据国务院扶贫办的工作部署，2002年以来，人民银行定点帮扶陕西省铜川市宜君县、印台区两个国家级贫困县。为帮助加深青年党员干部对扶贫工作的了解，增进与贫困群众的感情，深入倾听民声民意，深刻体察民情民风，人民银行开展了为期两天的“根在基层——贫困村里话扶贫”调研实践活动。我与其他几名组员一起，进驻位于印台区的定点扶贫示范村孙家砭村，开展调研实践活动。

一、基本情况

孙家砭村位于红土镇周边，辖区有5个村民小组，全村共有454户1615人，耕地面积2600亩，以第三产业、劳务输出为主导产业。无涉农企业，农民专业合作社2个，全村共有贫困户88户294人（其中一般贫困户56户198人，低保户32户86人，五保户2户2人，贫困残疾户40户43人），贫困发生率18.2%。

二、扶贫开发工作取得的成效

通过与村干部进行座谈，我们了解到，孙家砭村2016年制订的工作计划结合了镇党委、镇政府对孙家砭村制定的各项目标任务，在村两委和抓包干部的共同努力下，孙家砭村作出了很多成绩：

（1）疏通杨庄水库至四组河道3公里。

（2）水泥硬化红杨公路830米；水泥硬化三、四组巷道1200米，做排水渠1200米。

（3）砂石硬化四组至咀头生产路3公里。

（4）棚户区改造126户，扶贫移民搬迁60户。

（5）修建一、三、五组公厕各一个。

（6）修砌三组门前护坡120米。

（7）实施一、二组移民搬迁点生活饮水工程。

（8）新修北沟河道便民桥2座。

（9）更换四、五组生活用水主管道400米。

（10）组织党员、贫困户到耀县参观考察养兔、花椒栽植产业。

（11）平整土地500亩。

（12）栽植矮化核桃700亩；补栽矮化核桃300亩。新栽高效双矮苹果示范园200亩。

（13）为果农发放肥料18吨。

（14）发放产业扶持资金94户。

（15）劳务输出300人。

三、发现的主要问题

在与村干部进行座谈了解情况以及汇总贫困户入户调查结果后，我们发现了一些问题，其中最大的问题是贷款问题。我发现贫困户面临的最大问题是资金不足，也就是在贷款方面有很多的问题。在贫困户中，符合贷款要求的占比很小，全村共有贫困户88户，其中经过申请条件筛选，满足年龄在55周岁以下、身体无残疾、无大病、无不良征信记录要求的仅有22户。在这22户中，已经申请到贷款的不足10户。

除了贷款问题，在扶贫政策上也存在着过于理论化以及落实不到位的问题。一是在年初时评定是否为贫困户，若有村民在年中患病、遭遇车祸，丧失了劳动能力，导致没有收入，就要等到第二年重新评定时才可被评判为贫困户，在此之前只能通过领低保金来维持生活。二是村干部在为贫困户填写《脱贫目标责任书》后，按照上面设定好的时间进行工作，最终想让贫困户签字，证明已经脱贫，部分贫困户因实际并未脱贫而拒绝签字。

在医疗救助上，相关政策还不足以满足需要，药物种类不足，合作医疗点少，开药和报销很不方便，医药报销范围也比较小（仅报销住院费用、自费项目多），导致总报销比例低（50%左右），许多村民选择小病不去就医，久而久之发展成大病后，无力承担医疗费用，给家庭开支带来了极大的压力。

除了上述问题，还有一些问题也需要解决。第一个问题是资金的使用。有些村民思想保守，受教育水平低，不能灵活解读相关政策，拿到贷款后不能合理使用，需要政府相关产业政策的引导。第二个问题是相关金融设施网点少，金融自助设备少。全村仅有1个网点，2台设备可以进行存取款。如果有其他金融服务需求，需到镇上找相应网点办理业务，费时费力。第三个问题是网络及移动支付普及率低，使用者大部分是受教育程度高的年轻人，对当地经济的发展产生了一定的制约。第四个问题是基础设施不够完善。全村公共厕所数量不足，饮用水的水质差，环境污染严重。

四、心得与体会

在与村干部座谈时，明显可以感受到他们作为村干部、党员干部，每一个人都很认真负责，对待上级下达的政策和要求都会努力去落实和完成，对村里的贫困户，他们也非常了解情况，村长对于发展新经济有自己独到的见解，从建立郭秀明学习纪念馆，到依托紧挨省道离照金仅20公里的优越交通条件，发展集餐饮、水上项目、采摘、观赏四位一体的农家乐产业体系，再到村委会设想的新农村建设的宏伟蓝图，我不得不感叹这真是一群为村子着想、做实事的优秀党员干部。但是每每问到发展情况，村长脸上总是透着无奈，总会有各种各样的问题出现来阻碍发展，其中最大的问题就是资金的问题，孙家砭村只是众多贫困村中的一个，要想争取到更多的资金，还需要村干部下更大工夫才行，而他们的能力也是有限的，也需要上级的大力扶持。我也针对这些情况提出了一些我的看法和问题，希望可以集各家所长，共同努力，尽力解决问题，提高发展速度，创造更多的经济和就业条件，带动更多的贫困户发展起来。

在调研期间，我最大的感受就是很多的贫困户都很坚强、努力，很多人家里都有残疾人和病人，甚至有的人自己带病去地里干活，一个人撑起了整个家。他们很多人都有着自己的想法，在面对政策时可以提出自己的想法，对未来有着清晰的规划，现在学生读书很贵，但是他们却宁愿负债也不愿让孩子停下脚步，他们虽然贫困，却仍旧一步步坚定地向前走去。当我走进村民家中做调研时，每户人家都非常的热情，他们会拿出自己家最好的东西来招待客人，有时候去的时间不好，村干部将他们从地里叫回来，他们也都非常配合我们的工作，对我们也没有陌生人初次见面的拘谨和距离感，就像是一家人一样，他们把他们最真实的想法告诉我们，把他们最迫切的需求告诉我们，他们相信我们会将他们的想法反映回去，相信我们会为他们带来希望，相信他们靠着自己的双手撑起的这个小小的温暖的家会越来越好。

我们把希望的种子带来，把沉甸甸的担子带走，明天，更加美好的一天即将开始。

从武家塬村看精准扶贫

○ 货币政策司　王金明

2016年9月24日，结束了在照金为期三天的青年干部培训，我随着小伙伴们一起启程，奔赴不同的贫困村进行为期两天的入村调研。车子离开照金，先上高速公路，再走国道、村道，依次送完了印台区金锁镇柳树台村、半截沟村，宜君县太安焦坪村的小伙伴，最后来到了我们四排一班负责调研的宜君县彭镇武家塬村。

武家塬村位于陕西省中北部，隶属铜川市宜君县彭镇，宜君县是国家级贫困县，也是人民银行精准扶贫对口帮扶县，全县人口约10万人，工业和工商企业少，服务业不发达，全县经济以农业为主。

武家塬村南距铜川市51公里，北距延安市170公里。村庄紧靠210国道，距离最近的宜君和黄陵县城均不到20公里，交通便利。地形以丘陵和山地为主，耕种土地呈块状分散，农作物有玉米、苹果和核桃等。武家塬村是当地规模较大的行政村，包括武家塬和陈家洼2个自然村，3个村民小组，共134户，530人。武家塬村村民的收入大部分来自种植业，主要经济作物是玉米和苹果。其中，玉米是当地的传统农作物，种植面积较大，但单位面积收益低，每亩地产值不足千元；苹果是近年来当地政府推动发展的经济作物，单位面积收益高，但受地形地势和发展时间的影响，户均种植面积仍不大。2015年，全村玉米种植面积1956亩，苹果524亩，核桃2589株，玉米和苹果种植是当地群众的主要收入来源。

来到武家塬村的当天下午，我们跟随郭书记一起，先走访了全村，初步了解了全村的情况。武家塬村是人民银行派驻第一书记的对口帮扶村，人民银行在武家塬村投入了最多的人力物力支持，驻村第一书记就是和我们同年入行的栾春许。我们在走访的过程中，首先参观了新建的村党支部，党支部干净整洁，前面还有一个小广场，农闲的傍晚，村里的女同志会聚集在广场上跳舞聊天，党支部的建设经费是由人民银行和县财政共同支持的，人民银行西安分行捐赠了全套的办公用品。我们在村口看到村里正有一些推土机和大货车在平整巷道，这也是人民银行支持的全村道路硬化工程，之前村里只有一条主干道进行了水泥路面硬化，其他路都是土路，晴天一身土，雨天两脚泥，村民们出行十分不便，道路硬化以后，这个问题将得到改善。再往村里走，看到了一个泵房，房外的石碑上写着“武家塬饮水工程——中国人民银行捐建”，武家塬村因为位于塬上，吃水十分不便，村民都是下雨时接一些雨水存在窖里，或者从旁边的村子买水回来吃，栾书记通过大力协调，帮助村里打了一口井，井深300多米，现正配合道路硬化工程一起铺设管网，预计年前就可以让家家户户通上自来水。

在村里走了一圈，感觉武家塬村正在飞快地发展，这与栾书记的辛勤努力和人民银行的大力支持是分不开的。但我们同时也看到了农民真的是靠天吃饭，今年雨水不足，地里的玉米叶子都黄了，结的玉米明显个头小一截，很多玉米都干了，这对玉米的产量有很大的影响，也直接影响村民们的收入。

这个时间正好是苹果摘袋的季节，苹果的果子刚结的时候，为了促进果子的生长，防止病虫害，村民们会逐个给苹果套上专用的袋子。到了秋天，苹果的大小长得差不多了，就将袋子取下来，让苹果得到充分的光照，此时苹果就会迅速从青变红，口感也会变得非常好。我们班跟随村民一起给苹果摘袋，共同体验田间劳作的辛苦，据说熟练的村民一天可以摘6000～8000个袋，而我们摘了一两个小时就感觉有些疲惫，通过此次劳作，我们深刻地体会到了村民们的辛苦。

随后，我们走访了两户村里的贫苦户，并跟村里的党员共同召开了一次党支部会议，栾书记马上就要结束一年的驻村第一书记工作返回总行，所以向党员骨干提出了要拧成一股绳、要提住一口气这两点要求。我们也与党员骨干一起探讨了金融支持精准扶贫的一些问题和想法，大家纷纷为武家塬村的未来和发展建言献策，最后一起欢送了栾书记。

两天的扶贫调研紧张而充实，在调研中我们看到了武家塬村日新月异的变化，也看到了扶贫道路上还有很多的问题和困难。道路是曲折的，前途是光明的，我相信，随着精准扶贫的深入推进，武家塬村全面脱贫的时刻指日可待！

触摸贫困

○ 金融市场司　戴革

2016年9月24日至25日，作为此次学习实践活动的最后一个环节，我们来到了铜川市印台区金锁镇柳树台村开展扶贫调研活动，与当地老乡同吃同住同劳动，真正进行面对面的交流，度过了两天非常难忘的时光，可谓获益匪浅。

此次调研活动，既是一次返璞归真的体验之旅，又是一次投身实践的探索之旅。通过与乡亲们共同生活，零距离地感受贫困，我们的心灵受到了深深的触动。改革开放以来，人民的生活水平有了显著的提高，我们作为20世纪80年代末90年代初出生的一代人，似乎离贫穷更加遥远，只能从长辈那里零星地听到关于过去的艰难岁月，但始终无法感同身受。然而，这并不意味着贫困现象就此消失，在我们看不见的地方，依然有人为了基本的生活条件苦苦挣扎。2015年，《中共中央　国务院关于打赢脱贫攻坚战的决定》出台，表明扶贫脱贫问题在国家层面得到了高度重视。但由于现实情况的千差万别，在政策具体执行过程中，仍然有很多问题值得我们思考。关注社会现实问题，深入思考背后的深层次原因，并能够不为舆论所左右，形成自己的看法，经世济民，是作为一名青年干部应有的担当。

由于扶贫政策具有明显的转移支付性质，在实践中，首先要做好贫困户的认定工作，确保真扶贫、扶真贫，让真正的弱势群体获得帮助。通过贫困户申请、实地走访、日常收入支出调查等方式，精准识别贫困户并进行建档立卡，定期进行全面核查，建立精准扶贫台账。同时，要对建档立卡贫困户的脱贫情况进行持续跟踪监测，实行动态管理。

在现实中，导致贫困的原因可谓因地因户而异，要实现有效的扶贫，也应具体问题具体分析，采取针对性的措施，这也是扶贫政策精准性的体现。这就要求在扶贫过程中，必须要摸清贫困户的情况。针对自然环境恶劣、资源承载能力弱等非人为因素所导致的贫困现象，可以采用易地扶贫搬迁的方法，将贫困居民迁往更适宜生活和居住的地区；对于确因残疾、疾病、年迈等丧失全部或大部分劳动能力所导致的贫困，应充分发挥社会救济和社会保险的作用，构建完善的社会安全网，保障贫困居民基本的生活水平；等等。

要想富先修路。很多贫困地区物产丰富，风光秀丽，只是因为基础设施落后，物资无法向区域外输送，也难以吸引外来投资者和游客。这就需要在扶贫工作中加大对基础设施建设的投入，通过中央财政的转移支付和地方财政的资金，改善贫困地区的公路、铁路、电力、互联网等基础设施，便利产品和要素在地区间的流动，从而带动经济发展和农民致富。

大力发展特色产业扶贫。支持贫困地区根据当地特色，因地制宜发展特色产业。鼓励农民合作社和农业龙头企业的发展，发挥其属地优势和组织能力，带动当地贫困人口就业和脱贫。利用当地特色农产品，发展农产品加工业，提高收入水平。在有自然或人文资源优势的地区，探索实施旅游产业扶贫。如照金镇依托其浓厚的革命历史传统，发展了以红色旅游为核心，包含红色教育、观光、休闲、度假、餐饮等在内的完整产业链条，有力地带动了当地的发展。

探索利用“互联网+”推进扶贫工作。以电商为代表的互联网已经越来越深地介入我们的生活，利用互联网，交易效率大幅度提升，交易成本也显著降低。因此，应该发挥电商平台在扶贫工作中的作用，支持电商企业拓展农村业务，实现贫困地区特色产品的网上销售；加强对电商业务的宣传和培训，鼓励有能力的贫困户开设网店，并给予一定的补贴；加快贫困地区物流配送等配套体系建设，促进电子商务完整产业链的闭合；加大基础金融知识的普及力度，增强从事电商业务的贫困户的防诈骗能力，保障财产安全。

贫困村里话扶贫

○ 金融市场司　王浩年

2016年9月，一位甘肃的女性引起了全社会的关注，百度词条“杨改兰”写道：甘肃康乐县景古镇阿姑村山老爷弯社人。2016年8月26日下午，杨改兰杀死四个孩子后，服毒自杀。不日，该女子丈夫也服毒身亡，四世同堂的八口之家，六口人身亡。后续问责中，“鉴于这起特大故意杀人案造成了恶劣的社会影响，相关方面人员负有不可推卸的责任……对县、镇、村三级工作失职责任人员实施问责，给予副县长及相关人员党内处分，并建议行政撤职”。

当地政府的调查处置情况通报中，专有一节“案件的教训和反思”，其中指出四条教训：一是矛盾纠纷排查调处不主动、不及时。杨家家庭成员间矛盾复杂，思想隔阂严重，同邻里关系长期不和谐，与村民很少来往，村干部虽然知情，但沟通协调不够，调处化解矛盾不主动、不及时。二是对杨家危房改造工作不深入。虽然县村镇干部多次上门动员其进行危房改造，但因家庭成员之间意见相左未能实施，反映出镇村干部没有根据该户家庭的特殊情况设身处地着想，缺乏深入细致的思想工作和行之有效的措施。三是对扶贫政策的落实不完全到位。基层在贫困户识别和退出过程中有简单化操作的问题，仅用收入作为衡量标准，用村民投票方式决定是否享受低保，没有综合考虑杨家的实际情况，方法过于单一。四是对死者家属相关安抚工作不够。下一步工作中，一是集中开展矛盾纠纷排查调处活动，二是集中开展危房改造工程，三是集中开展城乡低保核查工作，着力核查和解决存在的暗箱操作、优亲厚友等问题，切实保障困难群众的基本生活。

中国有很多优秀的社会调查研究，其中有对自杀现象的系统研究。很多农村自杀看似不可理喻，自杀动机甚至到了荒谬的地步。个案背后，隐约透出对生存的焦虑，对生死、对生命的价值都脱离了一般常规的认识。农妇杨改兰们和他们的生活环境，那些“传说”中的村规民俗和人际交往形态，与现代社会理念相去甚远。

有些悲苦，是需要人类共同情感支撑才能获得的切身感受。人能设身处地观察他人，首先是因为能够在经验、阅历上有近距离的接触。但很多时候，城市化视角对农村的生存境遇已经失去了感受能力，找不到也想不到观察和分析的路径，我们能看到悲剧，却无法深入体会一个心灵能绝望到什么地步。这也就是为什么，当我们衡量“精准扶贫”时，除了对一个农村家庭的实物财产作一番货币化的换算，就无法做其他有效的“将心比心”。我们缺乏对农村生活的概念，不知道当代中国农民对人生的期许，不知道他们对生命价值的认识，更不能理解他们对生死抉择的判断。

“居庙堂之高，须有山林气味”。机关团委在《以“贫困村里话扶贫”为主题撰写感受体会文章的说明》中提到，“从家门到校门再到机关门，在你我身上，久居庙堂之高、不解江湖之远的情况或多或少地存在着”。对我个人而言，这次到印台区金锁镇柳树台村的调研实践活动是一个契机，也是个开始，在未来的生活中，惟愿不愧对公职身份，牢记自身使命和责任，让自己充满“山林气味”。

村中两日漫记

○ 会计财务司　王恺

诗云：到乡翻似烂柯人。讲的是晋人王质上山砍柴，遇两童子下棋，驻足观看，棋局终了，斧把已经腐烂，下山后方知世上已过百年。此诗形容沧海桑田之巨变，用在此次太安镇焦坪村之行对我的震撼，正为合适。

我没想到村中生活如此之苦。小时候，我的爷爷奶奶生活在农村，我经常会随父母亲回到农村去，由于好几个叔叔姑姑都在城里，所以家里比较富足，留在我印象里的农村是整洁的窑洞、满圈的牛羊、丰收的苹果，从来没想到农民的生活会如此之苦。这里人均耕地1.5亩，主要的种植作物是玉米，即使年景好时，每亩纯收入也不会超过1000元，而在如今外出打工也赚不到多少钱，所以农民的收入非常微薄，日常生活外难有积蓄。而相对的，看病贵、上学贵现在成了社会问题，农民中大量出现了因学返贫、因病致贫情况，300户人家中有70户贫苦户，其中因学、因伤残致贫者多达64户。

面对如此贫苦的条件，我没想到农民的心态如此乐观。我以为如此困顿的生活会使农民怨天尤人，但在我们访谈的二十多户农民中根本没有看到这样的情况。一位白发苍苍的老者说农民不能等靠要，要依靠政策，勤劳致富，政府能够提供就业机会和产业帮扶即可。一位五十九岁的大叔，面对妻子常年卧病、家中一贫如洗的局面，乐观地表示政府的政策非常好，只是自己没有本事才使得家中如此贫困，他希望政府能够再多提供一些农业技能培训，让他能够种好几亩地，让家中生活变得更好。一路陪伴我们调研的村主任，给我们谈了许多村里的情况，但从没有诉苦，而是站在理性的角度分析村里的政策需求和发展方向。老乡们面对恶劣的生活条件，也从未抱怨，依旧对政府、对未来充满了信心，使我们非常感动。

感动之余，我想我们不能将老乡的信任和拥护当成理所当然，而要将这些都化为自己的行为动力，努力如实记录下我们两日来对扶贫政策执行情况的了解以及反思，以回馈各位老乡。第一，许多农民对精准扶贫政策完全不了解，只是被动接受。在访谈中，我们发现包括拥有一定文化水平的农民在内，很大一部分农民对精准扶贫是什么根本不了解，对精准扶贫的困难、办法以及如何更好地获得金融支持也很茫然。我认为这一方面说明我们的宣传仍然“不接地气”，就像一位农民说的，来是来了许多次，但不知道说的都是什么，另一方面也反映出当前的精准扶贫更多强调指导，而非合作，启发农民共同思考的工作仍有不足，农民参与的积极性也有所折扣。第二，产业多样化、规模化发展需要加速。全村主要收入来自玉米种植，玉米的经济附加值低，难以成为脱贫致富的有效手段，目前村里已在县农业部门指导下规划发展100亩核桃、100亩花椒，但是技术准备、种植安排、营销渠道、利益分配等均未形成计划，距离落地尚有很多工作；除种植业外，农产品深加工、农村工业和服务业等产业至今未有任何规划，未来的脱贫发展之路仍然严峻。全村人均耕地面积比较小，未来需要通过农业合作社、“公司+农户”等模式发挥规模优势，提升土地效益，但土地确权工作虽已结束，土地使用证尚未颁发，也尚未形成具体的规模经营计划。第三，一些救济政策有待进一步完善。比如，大病救助、中重度残废虽已有制度可循，但是久病和轻度残废问题却未得到切实解决，访谈中有几户家庭既要长久花费医疗费用，又要承担丧失劳动人口的损失，负担非常重。

焦坪村之行即将结束，我为农村的破陋和农民的贫苦而惋惜，但更为他们的乐观和韧劲而震撼。有这样的农民，国家甚幸，作为国家公职人员和人民公仆，我们一定不能辜负他们，一定要尽我们最大的努力让农民富起来，让他们的生活好起来。

农村的夜空很美，布满了在城市中看不到的星星，我希望在这片美丽的夜空下，生活的都是幸福的人们，不再有贫穷，不再有疾病，不再有生活的狼藉。我相信，只要我们够智慧、够用心、够努力，美丽的梦想终会成为现实。

焦坪随感

○ 会计财务司　李赟

2016年9月下旬，总行机关团委在照金组织了“重温红色记忆·筑梦青春央行”主题学习实践活动，人民银行系统58名青年干部参加了此次活动。作为活动的主要组成部分，我们分成12个调研小组分别前往铜川市印台区和宜君县进行了为期两天的实地调研。

我所在的调研小组一行四人在宜君县太安镇焦坪村进行了调研，我们通过召开座谈会、入户走访、填写调查问卷等方式，详细了解了焦坪村的经济发展和扶贫工作情况。焦坪村分为4个村民小组，共有约1300人，当地经济来源主要是种植玉米、核桃和养殖等，人均年收入约为8800元。经过近几年扶贫攻坚工作，村民生活水平有了较大提高，村容村貌有了明显改善。但该村依然存在较多的贫困家庭，据了解，全村共有贫困户69户，贫困人口171人，占总人口的13%左右。我们实地走访了十几户贫困家庭，他们的生活十分困难，有的家庭住在破旧的土砖屋里，连一件像样的家具都没有，家徒四壁，满目苍凉，看了之后令人心酸。

贫困户家庭的生活让我们内心触动很大。为什么有的农村会这么穷，农民会这么苦？要怎么做才能够解决农村发展落后和农民生活贫苦的问题？这些是我们最近一直在思考的问题。

富兰克林曾说："贫穷本身并不可怕，可怕的是自己以为命中注定贫穷或一定老死于贫穷的思想。"从事物发展的驱动因素看，内因是事物发展的根本原因，起决定作用，外因是事物发展的外部原因，起辅助作用。当地的地理位置和经济发展条件是外因，当地群众的教育文化水平和脱贫致富的信心与动力是内因。因此，对于扶贫工作来说，一定要把扶贫和扶志有机地结合起来，要从思想上、精神上来帮扶，帮助贫困家庭树立战胜困难、摆脱贫困的信心和斗志。要想脱贫致富，首先要从改变自身做起，要坚信没有人生下来就注定一辈子贫穷，要坚信可以通过自身的努力改变贫穷现状。我们在焦坪村召开座谈会时，参会的一位老者说，要摆脱贫困，首先要艰苦奋斗，自力更生，要依靠自己的努力去创造幸福的生活，老者的话道出了脱贫的真谛。同时，外因也是事物发展过程中的重要因素，扶贫工作同样依赖于良好的外部环境，我们要努力为贫困地区创造良好的经济发展条件。从调研问卷的情况来看，当地群众反映最希望获得的帮助是接受合适的项目和技能培训。有了合适的项目创造工作机会，有了专业技能能够胜任工作，村民们在脱贫致富的道路上自然能越走越远。

培根曾说，知识就是力量。要想脱贫致富，需要不断学习知识，获取能够谋生和发展的技能。由于没有文化、没有技术，农村普遍存在"打工没技术、创业没思路、务农没出路"的状况。习近平主席多次强调，"扶贫必扶智，要阻止贫困代际传递"。让贫困地区的孩子们接受良好教育，是扶贫开发的重要任务，也是阻断贫困代际传递的重要途径。首先，要让贫困家庭的孩子上学得到良好的保障，确保每一户贫困家庭的孩子都能上得起学。在义务教育阶段，确保贫困家庭孩子无论在哪里读书都可以享受“两免一补”的政策。在高中阶段，对贫困家庭孩子免除学杂费并提供生活费补助。在大学阶段，通过助学贷款、奖助学金和勤工俭学制度帮助贫困家庭大学生完成学业。培养一个大学生基本上能确保一个家庭从根本上走出贫困，甚至能够带动一个家族走出贫困，因此，培养更多的农村大学生对于农村脱贫至关重要。其次，要逐步提升贫困地区的教育质量，帮助更多的孩子进入大学学习。提升教育质量，一是要提高教师待遇，吸引优秀人才；二是要加大培训，提高师资质量；三是要加强交流，提升教育水平。

扶贫工作是一分部署、九分落实的工作，需要真抓实干。将扶贫政策落到实处，让老百姓感受到实惠，老百姓的感受是检验扶贫工作成效的重要标准。当然，我们也要认识到，事物发展是前进性与曲折性的统一，扶贫工作不是一蹴而就、一劳永逸的，而是一个螺旋式上升的过程。扶贫工作任重而道远，需要我们所有人一分一分地努力、一项一项地落实、一步一步地实现。

让我们共同努力，用志气消除思想上的贫困，用智慧消除物质上的贫穷，励精图治，发愤图强，早日实现国家的繁荣昌盛与人民的幸福安康！

精准扶贫，知易行难

○ 国际司　孔繁潇

2016年9月24日至25日，我们一行五人作为人民银行总行机关新入行干部来到陕西省铜川市印台区金锁关镇柳树台村进行了为期两天的扶贫调研。

一、相关背景

2015年11月，中央扶贫开发工作会议决定，到2020年让7000多万农村贫困人口摆脱贫困，打响了脱贫开发攻坚战。陕西省铜川市作为革命老区和资源型转型城市，下辖区县中有两区一县是国家扶贫开发重点县，其中，宜君县和印台区是人民银行总行的定点扶贫县区。2002年以来,人民银行在该地开展了修路、引水、捐资助学、培育特色产业等工作。截至2015年底,累计向两区县投入扶贫资金2140万元。下一步，如何在扶贫工作中理清思路、找准路径，已成为进一步帮助群众脱贫致富的关键。

十二届全国人大二次会议上，李克强总理提出8个新词，“精准扶贫”是其中之一。精准扶贫指整合扶贫资源，确保扶贫到村到户。精准扶贫一改以前政府“漫灌”式的扶贫工作机制，体现了本届政府对于贫困地区发展的责任感和紧迫感。

精准扶贫的前提是精确识别，关键是精确帮扶，保证是精确管理。我国的扶贫开发工作始于20世纪80年代中期，通过30余年的不懈努力，取得了世人公认的辉煌成就。但是，底数不清、情况不明、针对性不强、项目和资金指向不明确等问题长期存在，造成许多真正的贫困户未能得到应有的帮扶，精准扶贫工作任重道远。

二、柳树台村精准扶贫工作面临的主要问题

柳树台村是印台区经济情况中等的村落之一，全村约200户人，其中贫困户67户。导致贫困的主要原因包括教育、疾病、残疾、养老等。该村的主要常规收入来源为农业，主要作物包括玉米、核桃和苹果，养殖业未成规模，也无主导产业。因此，各户之间差异不大，致贫原因较为单一。经过开展座谈、入户调研，我们对柳树台村的基本情况有了初步了解，也对目前扶贫工作中存在的主要问题和困难有了初步认识。

一是贫困人口识别难，相关机制不够合理。一方面，识别真正的贫困户并非易事。农民收入难以量化，收入和支出有很大的不确定性，真实收支难以计算。另一方面，贫困人口一旦识别完成并公示完毕，则进入建档立卡阶段，随后即可享受配套的对口帮扶直至2020年。但在实践中，由于村内经济状况相仿者甚多，接近贫困线但此次未被定为贫困户的大有人在。在未来几年，此类农户一旦发生疾病、残疾和重大教育支出，是不在政府统筹保障范围内的。待建档立卡的农户在帮扶下成功脱贫，在贫困线上挣扎的“非贫困户”极有可能成为新的需要帮扶的对象。因此，现行精准扶贫机制在一定程度上存在治标不治本的弊端，当完成阶段性的量化

目标后，脱贫农户能否走上致富道路？未被纳入保障的农户利益可否得到有效保障？此类问题仍悬而未决。

二是扶贫项目到户难。首先，受贫困户劳动力素质的制约，“一户一策”实施难。贫困户多多少少存在劳动力素质方面的明显不足，许多看似为他们量身定做的政策无法落实。在柳树台村，头脑灵活、腿脚灵便的农民大多外出打工，在家留守的多为老人、妇女、儿童和身体残疾或智力残障人员，难以完成对体能、技术要求较高的项目。其次，受文化程度制约，精准扶贫到户难。一些贫困户脱贫愿望迫切，但思路不清，盲目跟风，往往投入不小但收效甚微，一旦失败就彻底泄气，信心荡然无存。部分贫困户思想保守，小农意识根深蒂固，进取心不足，依赖心理严重。甚至有的贫困户价值观错位，以贫为荣，不屑于劳动致富。最后，村里缺乏产业带动也是精准扶贫到户难的重要因素。目前，村里仅有一个核桃苗木培育合作社，吸纳农户22户，包括若干贫困户。近年来提高了培育水平，增加了集体收入，但产业链条短，市场占有率不高，继续发展的空间有限。合作社技术能人曾有想法带领村民搞核桃加工产业，但苦于融资困难，无法购买设备和建设厂房而无奈放弃。也曾有工业企业来该村考察，后因用水供应不足不了了之。

三是政策体系适用难。当前精准扶贫落实不彻底的政策原因包括帮扶机制运行效率不高，精准扶贫的保障机制不够健全，贫困治理碎片化，扶贫政策的目标、内容和作用对象互不一致，存在相互抵触或重叠；在考核机制方面表现为以抽象定性为主，缺乏科学量化指标体系。例如，对第一书记的职责缺乏明确界定，多头管理易导致管理失效。

充分准确地认识当前柳树台村精准扶贫工作的实际困

难，是精准扶贫目标任务得以实现的前提。2016年7月，习近平总书记曾在扶贫工作座谈会上发出总攻令：“扶贫开发到了攻克最后堡垒的阶段。”在这样一个关键时刻，必须在思维方式和行动计划上有针对性地攻克上述难题，扫除障碍，确保扶贫工作精准落地，实现贫困地区和贫困人口的精准脱贫。

“摘穷帽”更要“拔穷根”

○ 人事司　余海平

在距宜君县城南14公里密林环绕的山野中，一层层起伏的梯田在秋风中像黄绿相间的波浪摇曳涌动，一间间白砖红瓦的农家平房整齐地排列在公路两侧，勤劳质朴的村民们在田间埋头辛勤地劳作着，构成一幅美丽的田园风景画。像我这种从农村出来的孩子，对于自己记忆中的村庄有着割舍不断的留恋，陡然在这个渭北高原的小村庄——淌泥河村里见到那种既熟悉而又带点西北特色的乡土风情，内心的欣喜之情油然而生。

金秋九月，随着难忘而精彩的照金小镇红色之旅顺利结束，我们班一行五人沿着蜿蜒的国道驱车来到了宜君县哭泉镇淌泥河村，下榻简单而干净的民居，进玉米地里与村民们共同劳作助力秋收，与孩子们交流放飞梦想，召开座谈会了解村情民风，入户走访关心慰问村民，开始了为期两天紧张而又充实的“根在基层——贫困村里话扶贫”调研实践活动。

“因为淌泥河村海拔高、温度低，这里村民们赖以生存的玉米一年只有一季，而且玉米粒比较硬，不适合食用，销路一直不太好，过去村民的生活很困苦。多亏了政府近年来对我们的大力支持，村里发生了翻天覆地的变化。”村书记李国贤感慨道。正如李书记所述，在各级政府的大力支持下，村民们用勤劳和智慧带动这个山野间的小村庄逐渐摆脱了贫穷的命运，目前全村仅支持特色旅游业发展和基础设施建设的在建项目就有10个，全村上下呈现出一派欣欣向荣的气象。在调研了解淌泥河村脱贫致富的过程中，我深深地感受到，对于贫困村而言，不仅要“摘穷帽”，更要“拔穷根”，“穷根”若在，“穷帽”难摘。

“拔穷根”，首先要斩掉思想的“穷根”。在当前，有相当一部分贫困户并没有丧失基本的劳动力，却不愿意付出什么努力去改变现状，一味依赖政府的救济兜底。俗话说，要想人救，必先自救。在这个平凡的小山村中，从身残志坚的老中医李宽新老先生身上，我们就看到了那种自强不息、自力更生的珍贵品质。李老先生在十六岁那年因为一种不知名的疾病被剥夺了双腿的支配权，随后不久，其母亲又身染重病，无钱医治。难以想象这一切对于一个正值风华正茂的青年而言是一种怎样的打击。然而，老先生并没有对生活丧失希望，疾病的打击激起了其对抗命运的斗志，并与医学结下了不解之缘。老先生自那时起开始在极为艰苦的环境下翻看医书，自学医术，研制中药，为村民们看病问诊，在维持生计的同时造福一方。有的时候，身体的残疾并不可怕，可怕的是思想上的残疾。在当前扶贫攻坚决战决胜阶段，在注重有形的物质帮扶的同时，还需要注重精神层面的帮扶，只有斩断“等靠要”和“争戴穷帽”的思想“穷根”，树立起直面困难、改变现状的勇气，才有可能摆脱贫穷的命运，否则“摘穷帽”只会如水中的一道幻影可望而不可即。

“拔穷根”，关键是要引进产业的水。产业扶贫是让贫困群众尽快摆脱贫困的关键，也是扶贫开发实现由“输血”向“造血”机制转变的重要环节。近年来，为了让村民学会“自我造血”，当地政府充分利用淌泥河村地处“上帝的指纹”——旱作梯田景区核心位置的优势，依托毗邻的北魏摩崖造像、孟姜女“哭倒长城”、“哭泉”等景点，积极建设完善公共服务设施和游客观光旅游设施，大力发展美丽梯田自然景观和人文景观相结合、兼具乡村文化内涵和历史文化内涵的旅游文化，全力打造渭北高原上的中国美丽休闲乡村。随着景区建设日趋完善以及知名度的不断提升，原本“养在深闺人未识”的宜君梯田逐渐揭开了面纱，特色农家乐在当地悄然兴起，好风景为这个平凡的小村庄带来了“好钱景”。所谓授人以鱼不如授人以渔，单纯的物质帮扶只能解决一时之需，要想一劳永逸地解决脱贫问题还需要因地制宜，坚持产业驱动战略，探索适合本地经济、文化、资源等方面的产业发展思路，把扶贫植入具有地方特色的产业发展中来，真正让贫苦地区从“等待输血”变成“自我造血”。

“拔穷根”，还需要埋下希望的种子。治贫必先治愚，扶贫必先扶智，教育在扶贫过程中起着举足轻重的作用，是孩子们走出大山融入城市，阻断贫困代际传递的有效方式。贫困户何小平育有一子一女，大儿子在外读大学，小女儿在镇上读初中，因为几年前给爱人治病已将家中仅有的积蓄都花光了，两个孩子的学费成了何小平头顶的“紧箍咒”。然而，面对两个孩子的教育问题时，何小平毫不含糊，平日里种田养猪，农闲时在外打工，一刻也不得闲，省吃俭用、节衣缩食，只为了能给两个孩子创造一个良好的教育环境。“再苦不能苦孩子，再穷不能穷教育。”这是包括何小平在内的淌泥河村每一个村民的心声，他们竭尽所能将孩子送到了小镇，送到了宜君，送到了铜川。学习改变命运，教育成就未来，村里的年轻人也确实没有辜负父辈的期望，小小的山村里走出了越来越多的读书人，希望的种子在一个个贫困的家庭里萌芽。

坐在大巴上，望着那渐渐远去的山间村落，心中莫名荡起阵阵感慨，难以忘怀那美得让人窒息的“上帝的指纹”，更难忘怀的是那一双双长满老茧、历经风霜的手，那饱含坚定、充满深情的双眸。在渭北高原的山野间，有这样一群可爱的人们，他们用双脚丈量这片土地，用岁月守护这片家园，他们没有豪言壮语，只有朴实无华，无论春夏与秋冬；他们没有英雄事迹，只有默默无闻，无论寒冬与酷暑；他们没有轰轰烈烈，只有勤勤恳恳，无论烈日与风雨。我相信，他们的未来没有贫困，只有希望……

平凡世界中的贫苦与希望

——贫困村里话扶贫

○ 金融研究所　宋阳

“您家有几口人？家庭收入情况如何？有哪些困难？对精准扶贫有什么建议？”

“我长年患有皮肤病，上有老母亲要供养，小女儿六年前溺水身亡，由于家中贫困，女人也离家出走，全年靠政府救济和打零工维持生活，希望政府能提供一些贷款，帮助我养一些牛、羊。”

随着对一个又一个贫困户的走访，我们在陕西省铜川县五里镇榆舍村的金融扶贫调研工作也深入起来。中国发展的不均衡、中国农民生活的艰辛，以及他们对美好生活的向往，无一不给我留下了难以忘怀的记忆。此刻，李昌平给朱镕基总理信中写到的那句“农民真苦，农村真穷，农业真危险”，再一次萦绕于心。

我们此次走访的榆舍村位于福地湖景区下游，距县城19.8公里，下辖3个自然村，5个村民小组，现有村民249户，889人，面积约21平方公里，耕地面积480亩，其中蔬菜种植200余亩，共有37个蔬菜大棚。农业以玉米、核桃、蔬菜种植为主。森林覆盖面积5000余亩，经济扶贫户31户，共

82人。2015年全村人均收入8800多元。尽管人均收入尚可，但收入的不均衡问题依然存在：产业结构比较单一，主要依靠种植低经济附加值的玉米创造收入；水资源匮乏，由于地处山区，打井成本较高，村中至今没有一口水井，一部分住户连基本生活用水都解决不了，更不要谈用水浇灌田地了。

通过召开座谈会，我们对全村人民有了更为深入的了解。座谈会上，贫困户代表、种植能手以及村委会领导畅所欲言，气氛和谐，大家都把平时遇到的困难一一反映出来，这也让我们对扶贫问题的复杂性有了更为真切的感悟。其实村里也作了很多积极有益的尝试，比如种植苹果、集约化生产、引入科学种植技术等，但由于土壤特性、村民意识等问题，一直没能转化成生产力，使得村民的生活水平一直在低水平徘徊。真的就像有一句话说的那样：世上的幸福总是相似的，而痛苦则各有各的不同。同时，关于国家的扶贫政策，乡亲们也说出了自己的想法：有的种植能手提出贷款手续复杂，往往无法满足村民短期贷款的需要；对于担保政策，村民也有很多自己的见解，实际情况往往是周围的邻里也都是低收入的农民，不满足相应的担保人资格，而在城里的亲戚朋友又都有尚未偿还的房贷，也不能满足要求，导致迟迟无法得到贷款。在与蔬菜种植大户交流的时候，一位老伯谈到自己经常参加一些科技兴农的座谈会和科普活动。农民伯伯对新技术的渴望也出乎我们的预料，同时让我们再一次感受到村民改变自身生活的迫切愿望。

在面临种种穷困的同时，村里也出现了很多积极的变化。随着新一轮扶贫攻坚战的打响，村里的基础设施建设方面投入明显：政府新近启动了革命老区住房改善项目，使得农民搬出了老旧的窑洞，住上了联体洋房，居住环境十分舒适；新的道路硬化工程也马上启动，道路两旁都装上了最新式的太阳能环保路灯；村委会办公楼得到了全面的修缮，为民服务的职能进一步完善；政府还专门给老年人提供了棋牌室，供老年人休闲娱乐；金融基础服务设施也得到了加强，对于额度在2000元以内的取款，村民可以通过村委会会计的移动POS机完成，一定程度上方便了村民的日常存取款，同时终端机也提供日常缴费功能，解决了以前缴费难的问题，村民再也不用到镇上缴费了。所有这些积极的变化都让人感到欣慰，同时我们也期待着能有更多更好的政策落地，以更好地改变农民的生活。

踏入村口的一刻，听着村主任地地道道的陕北方言，我仿佛来到了路遥笔下平凡的世界，在这里我的内心也平静了。但是农民生活的贫苦却又真真切切地印在了我们的心里。贫困之冰，非一日之寒；破冰之功，非一春之暖。扶贫工作的长期性和艰巨性是客观存在的，需要我们做更丰富、更踏实、更具体的工作，真心入村，带去好点子、好路子。相信在党中央、国务院的领导下，在这一个平凡的世界里一定能绽放出更加灿烂的笑容。

上下齐心协力，打赢脱贫攻坚战

○ 金融研究所　陈华

一直以来，我们党把扶贫开发工作摆在突出的重要位置，大力实施精准扶贫，不断丰富和拓展中国特色扶贫开发道路，扶贫、脱贫工作取得了显著进展。但随着经济社会的转型，新情况新挑战不断出现，脱贫攻坚形势依然严峻。比如，我国正处于工业化、城市化和现代化发展的阶段，相应地推动了农村剩余劳动力向城市转移，出现了“离土不离乡”的农民工群体，并由此伴生了留守儿童、留守妇女、留守老人等弱势群体。其中，留守儿童问题、留守老人问题尤为严重。据统计，我国约有6000万留守儿童，长期过着没有父母相陪的生活。在家庭结构不完整、温情缺失的情况下，不少留守儿童心理上普遍存在自卑、内向、易怒等缺陷，甚至由于管护缺位，留守儿童悲剧频发。2015年6月，贵州省毕节市4名儿童集体服用农药自杀，令人揪心不已。留守老人数量已近5000万，缺乏生活照料和精神慰藉，失能无靠，已成为自杀高发的群体。

可喜的是，2015年11月27日至28日，中央扶贫开发工作审议通过了《关于打赢脱贫攻坚战的决定》，向全党发出了打赢脱贫攻坚战的总动员令，吹响了脱贫攻坚战决胜阶段的冲锋号，彰显了党中央对消除贫困和2020年全面建成小康社会的坚强决心。

基于这样的背景，此次“根在基层——贫困村里话扶贫”调研实践活动为我们这些容易犯“身居庙堂之高，不解江湖之远”毛病的工作人员提供了深刻体察国情社情民情、深入倾听民声民意、增进与乡村群众感情的难得机会，并通过入户调研、座谈沟通、与群众共同劳动交流等形式宣传党和政府关于扶贫脱贫的方针政策，让群众知党、爱党。

经过两天的住村调研实践，我们高兴地发现，在各级党和政府的领导下，在村民的支持努力下，铜川市宜君县榆舍村的扶贫、脱贫工作取得显著进展。一条宽广的水泥路穿过村里，路边伫立着一排青砖新房，田野里茁壮的玉米秆上挂着两三个包得像粽子的小棒在风中摇曳，让人一下感觉到丰收的喜悦，各家屋前院后堆着刚下树的核桃，正忙着加工的村民们脸上写满了笑意。整体看，村里居民收入稳步上涨，不愁吃不愁穿，下一代教育有保障，未出现因学费而上不起学的情况。然而，在成绩背后，还存在一些令人担忧的不足之处，需要进一步改善。

一是扶贫工作机制需进一步灵活。我们在入户调研中发现，一户贫困户家里经济极度困难，只有两个老人，自身缺乏经济“造血”能力，本应归为低保户，由国家和社会兜底，但由于低保户名额限制，未能列为低保户，只能列为贫困户，领取极少的生活补贴。

二是某些干部的扶贫工作态度需进一步改进。调研发现，榆舍村虽已建立起干部一对一扶贫的工作机制，但在落实上还存在着形式主义。某一县里干部与村里的贫困户结对子，但流于形式，仅派其下属过来瞧瞧，既无慰问，也无相关扶助。其他结对子扶贫也仅仅是送几包化肥，比较简单走过场的“输血”。对于贫困户的具体困难和需求，如果扶贫干部连去了解的意愿都没有，何谈提高扶贫的精准性呢。

三是乡村治理质量存在进一步提高的空间。调研发现，乡村家族力量、邻里关系等人际因素在扶贫资源分配上起着非常重要的作用。比如，上述未纳入低保户的贫困户就是因为势单力薄，所以在名额有限的情况下受到不公平对待，没能纳入低保户，反而是其他更有家族势力、经济条件更好的家庭纳入了低保户。令我们惊讶的是，陪我们调研的村监事会主任表示，他也无能为力。这反映了乡村治理质量亟待提高，民主建设工作应在公平、公正上发力，不能只讲究形式上的民主，而忽视结果的公平公正。

四是金融在服务扶贫脱贫上还存在“最后一公里”路要走。榆舍村的种粮和养殖大户普遍反映贷款难，他们的正规融资渠道有限，更多依靠的是利息较高的民间金融。背后原因有银行贷款手续烦琐、时间长、需要关系、额度有限、需要抵押品以及对金融政策不了解等。如何打通“最后一公里”，将是我们金融工作者应认真研究和推动的重要内容。在座谈会上，村民们对两权（农村承包土地的经营权和农民住房财产权）抵押贷款表示出强烈的兴趣，问我们：“不是说凭土地本就可以贷款吗？为啥我们去找银行贷款，银行不给批呢？”对此，我们详细介绍了目前正在进行的两权抵押贷款试点政策，并解释在铜川市仅有耀州区被列入试点，而宜君县未列入，预计随着试点的成功开展，未来两权抵押贷款可能会在全国范围内推广，届时村民们就可以享受这一政策。进而，我们以此为切入点，详细介绍了人民银行于2016年3月出台的《关于金融助推脱贫攻坚的实施意见》，增强了村民们依靠金融脱贫致富的信心。

脱贫攻坚战已经打响，我相信，在党中央和国务院的领导下，上下齐心协力，一定会在2020年前让7000万贫困人口脱贫，成功打赢脱贫攻坚战，全面实现小康社会。我相信，贫穷的人不再绝望，人人都能实现中国梦。

以绿水青山带动产业脱贫，靠立志促智推进扶贫攻坚

○ 机关事务管理局　牛耀文

按照“重温红色记忆·筑梦青春央行”青年干部系列主题活动之“根在基层——贫困村里话扶贫”调研实践的安排，2016年9月24日，我们来到宜君县哭泉镇淌泥河村，开始为期两天的贫困地区走访考察。

一、绿水青山就是金山银山

淌泥河村位于宜君县城南14公里处，距镇政府1.5公里，210国道穿境而过。全村耕地面积2100亩，核桃种植面积800亩，主导产业以玉米、核桃为主。全村有4个村民小组，159户591口人，分别居住在210国道两旁。便利的交通条件带动了第三产业的发展，青山绿水和特色农家乐成为当地的旅游热点。每年春播后，全村山坡梯田呈现一道道美丽风景，恍如上帝留下的指纹，吸引了大批游客到来。

在当地政府的支持下，国道两侧的村民们大都翻盖了房屋。新建的房屋整齐气派，红瓦顶、白瓷墙，宽敞的房间，开阔的院落，既能够住宿、劳作，又可以储物、养殖。行走在乡村小路上，随处可见或拓宽铺设旅游步道或平整硬化泥

街土巷的施工场面。正在修建的观光步行街已颇具规模，景区内不仅有充满中国田园色彩的筒车、石桥，而且有“哥种的不是杂粮是风景”的公社菜园。抬步而上，可以亲身体验“梯云人家”的农具农械；小憩之余，可以在“支农茶社”远观山景、俯瞰荷塘。

相传秦始皇筑长城时，孟姜女千里寻夫路过此地，姜女“渴仰哭”，此地有泉涌出而得名哭泉镇，即将竣工的姜女公园就取自孟姜女的传说。驻足于公园的玻璃观景台上，宜君梯田尽收眼底。此时虽已入秋天凉，满山的绿意和漫布的野花依然充盈眼帘，让人流连美景而忘返。泪珠广场与孟姜女神像遥相观望，象征着姜女落下的眼泪，让游人也能在行走间体会到姜女的深情。习近平总书记多次强调，“绿水青山可带来金山银山，但金山银山却买不到绿水青山”。在淌泥河村，我们亲睹了绿水青山给村庄、给村民们带来的致富希望，我们也相信，不久的将来，美丽的乡村建设也会为村民们带来更宽裕的生活。

二、不给别人添负担而立志脱贫

富兰克林说：“贫穷本身并不可怕，可怕的是自己以为命中注定贫穷或一定老死于贫穷的思想。”我们在淌泥河村走访的贫困户中，有一位因病致贫的五保户。29年前，纠缠多年的关节病进一步恶化后，年仅16岁的李宽新再也无法弯曲双腿，辗转各地求医问诊却收效甚微。为了减轻家人的负担，不做一无是处的累赘，李宽新开始自学医术。一开始，他用所学医术进行自我治疗，慢慢地，他可以为乡亲们把脉问诊、开药输液。经过几十次的试验，2016年6月，他研制出了可以治疗颈椎病、腰椎病、关节病和骨质增生等疾病的纯中药药膏。很多深受颈椎病、关节病折磨的人在使用他的药膏后，竟然神奇地康复了。聊起他的学医路，李宽新也曾后怕过。在初窥医术的前几年，因为长时间站立学习，他的两脚出现严重的静脉曲张，若非及时发现，极有可能恶化坏疽。听着他半躺在床上云淡风轻地道出一件件往事，惊心动魄之余，我们对他更多的是钦佩和尊敬。

习近平总书记指出："扶贫先要扶志，要从思想上淡化'贫困意识'。不要言必称贫，处处说贫。"穷不思进取、穷且志短以及精神贫乏比什么都可怕。"虎瘦雄心在，人贫志气存"。从李宽新身上，我们找到了这种不甘于贫穷、不屈于命运的志气。斯蒂文说："志气这东西是能传染的……那些在你周围不断向上奋发的人的胜利，会鼓励激发你作更艰苦的奋斗，以求达到如他们所做的样子。"李宽新说，虽然他只能一个人生活，但是他并不寂寞，村里的人喜欢到他家跟他聊天，在寒冬腊月，三秦大地进入农歇时，他的家更是成为村里老少乡邻们的聚会场所。心存这份志气，一个完全丧失劳动能力的人不仅可以在政府的扶持下自力更生，还能够凭借自己的乐观豁达给予身边的人帮助和激励，这样的人生才充实而富足。

三、让下一代用知识来摆脱贫困

再穷不能穷教育，摆脱贫困需要智慧。习近平总书记多次强调"扶贫必扶智、阻断贫困代际传递""教育是阻断贫困代际传递的重要途径"。淌泥河村没有学校，村里的孩子一般在镇上、县里上小学和初中，大一点的则在外地读技校、大专乃至大学。在几位因学致贫的贫困户家中，我们见证了何谓家徒四壁，感受到了他们生活的窘迫，与之形成鲜明对比的是，他们谈起儿女们常有不作掩饰的骄傲，在这里，我们看到了“知识改变命运”的信仰。

我们问村里的孩子读书是为了什么，刚成为初中生的小男孩脱口而出：“为了能够在电脑上打字，跟别人聊天。”充满童真的答案让一群人忍俊不禁，而我们也体会到孩子们对于走出封闭村庄和走向精彩世界的渴望。在这片朴实的大地上，很多人或许生活得并不轻松，但是很多人都相信教育、崇尚知识。从这里，我们看到了淌泥河村的希望；从这里，我们有理由相信，淌泥河村的明天会更好。

依托美丽梯田 壮大乡村经济

○ 机关事务管理局　赵若彤

初到哭泉镇淌泥河村，我被这里美丽的山村梯田所震撼。淌泥河村距镇政府1.5公里，全村共有4个村民小组，159户591口人，分别居住在210国道两旁。通过为期两天的座谈走访，我发现，这里震撼我的不仅是美丽的梯田指纹，更是乡亲们对脱贫致富的信念以及他们拥有的那颗淳朴乐观的心灵。

一、座谈走访篇

初到淌泥河村，我们首先在村书记及村委会主任的组织号召下，与村内十多位村民代表进行了座谈，通过座谈会，我们对淌泥河村整体情况有了初步的了解。本村主导产业以玉米、核桃为主，近几年，村两委带领群众改造农田，平整山坡梯田1000亩，种植高密度地膜玉米1600亩。全村共有贫困户18户，贫困户的选定均通过村两委和群众代表选举投票，18户中，包括5户五保户，3户低保户，10户贫困户。两天中，我们对五保户、低保户和部分贫困户进行了座谈走访，这些人中有因病致残、因车祸致残而丧失劳动力的农户，也有缺资金、缺劳动力的孤寡老人，还有缺技术、缺产业、住房困难的单身大叔。在与贫困户的交流中，我感受到了身残志坚、被病魔缠绕三十年的老先生自学中医，研制中药的顽强信念，感受到了险些被车祸夺去生命的坚强母亲对生命的热爱，感受到了78岁高龄、多年独立生活的老奶奶积极乐观的生活态度，也感受到了无私照顾瘫痪父母18年的孝子诚心。他们身上的品格，我相信会在今后的很多年带给我无形的力量。

二、普惠金融篇

为更加深入地了解全村的金融实际需求及普惠金融落实情况，我们走访了多家农户，在与农户交流的过程中了解到，目前全村农户中，凡是有在读大中专院校的子女的家庭，均办理了助学贷款，大部分村民有贷款需求，但由于贷款利率都在7%以上，村民难以承受。另外，村民办理金融业务可选择银行较少，主要网点都选择陕西省信用合作社，如有贷款需求，还需要对银行客户经理及主要领导走关系送礼，这让很多村民对贷款望而却步。还有多数农户反映在银行批贷成功后，银行会强制要求农户买保险与贷款捆绑，保险每个月需支付一定数额的保费，无形中加大农户的贷款成本。

针对上述问题，我们特意走访了陕西省农村信用合作社哭泉镇网点，通过与客户经理的交谈，我们体会到了陕西信合对政府的信贷政策落实到位，对农户多种业务的办理较为高效，也已开始逐步执行对贫困户的无息贷款业务。对保险与贷款业务捆绑销售这一问题，客户经理表示并没有强制性推销。同时我们也针对从农户处了解到的情况提出了合理建议。

三、依托美丽梯田，孟姜女公园，壮大乡村产业经济

利用本村地处“中国美丽旱作梯田”景区核心区，围绕4A级景区创建工作。一是打造避暑经济。每逢暑期，本村山大林茂，最高气温仅29摄氏度，且昼夜温差在15摄氏度以上。村两委组织本村村民以朴实的农家风味、山清水秀的良好环境迎接八方游客。二是依托本村毗邻北魏摩崖造像，孟姜女闻名千古“哭倒长城”“哭泉”等景点，开发挖掘大量秦汉风格文化传说、典故来促进本村产业发展，并依托资源条件发展特色农家乐13户，建立集休闲度假、餐饮、摄影等为一体的旅游景区。

武家塬村扶贫换新貌

○ 中国反洗钱监测分析中心　冯于珂

汽车顺着公路从山梁渐渐驶到塬上，道路两侧零星种植的玉米渐渐连成一望无际的金黄。车忽地转弯驶进一片白色水泥地小广场，武家塬村到了。广场前立着白墙红瓦的小屋，屋顶上国旗飘扬。棕色大门上方墙壁挂着庄严的党徽和红底白字的横幅，横幅末句“打赢脱贫攻坚战”令访者不禁肃然。第一书记栾春许同志带着我们走下车，指着小屋说：“这是今年六月新修的村委会办公场所，不妨进入参观。”

推开村委会厚重的棕色大门，是一个装配完整的会议室。棕色椭圆木质会议桌，围着一圈黑色皮椅。南北两面的墙上挂着党建工作的展板，西侧的大窗户落进温暖的阳光。会议室旁边两个小间分别是农村金融综合服务站和村领导班子办公室。栾书记说，这个会议室是村里党员开会、开展活动的地方。他初到武家塬村时发现，该村的村委会长期缺少固定的办公场所，党支部的会议和活动组织不便，党支部的作用没有完全发挥出来，于是联系镇党委，为村里争取资金盖了一套干净整洁的平房，进而通过开展支部会议和活动，将村里党员们更好地凝聚在一起，充分发挥党员在扶贫工作中的重要作用。

从村委会出来沿着一条水泥小路便通往村里。听栾书记介绍，村里从前只有土路，一方面坑洼不平，另一方面每当下雨时，路面严重积水、十分泥泞。村民们出门走动不便，运输农产品也受到限制。他了解到这个情况后，筹资将这条村民进出的主路铺上水泥，保障村民的基本进出活动。可惜现在路上尚缺路灯，夜间行路困难。栾书记希望能再为村民安装路灯，更好地发挥这条道路的作用。虽然他将离开武家塬村，但栾书记表示他将做好与新任第一书记的交接工作，托付新书记最终为村民们解决问题。

小路向前走着，干净的路面上出现越来越多的黄土。栾书记指着前方不远处的小砖房，前面快到总行出资为村里打的井了，这个砖房则是泵房。砖房一旁的挖土机正挖着蓄水池和自来水管道通道，路过或进出的车辆带出泥土染黄了水泥小路。砖房背后不远处立着铁架，那里便是打井的位置。村里缺水，村民从前用水主要靠周边购买和窖藏雨水，极为不便。栾书记经过多番努力，得到行领导支持，由总行出钱为村里打了一口井。待干净的井水通入各家各户，村民们的用水现状会得到极大改善，这是实实在在的福利。

离开水井，我们决定去贫困户家中看看。武家塬村的贫困户主要分三类：第一类是因残因病致贫，开销大、劳力少；第二类是土地少，且种植非经济作物；第三类是年事较高，儿女供养不足。我们走入一名老大爷家中，大爷常年独居，好在身体还算硬朗，能打理家中几亩玉米地。大爷介绍道，玉米不值钱，收成好的年头里1亩地也只能收获大致700元。好在村里安排他为公共区域打扫卫生，一个月能发放500元工资。这前后两项总共能收入1万余元。如今还种上了苹果树，虽然还都是幼苗，但也使人看到希望。老人聊着聊着笑弯了眼，大家心里也为他感到高兴。

从大爷家出来，我们穿过村民们的聚居区，走进金黄的玉米地。看着身旁一人多高的玉米，栾书记感慨道，村里种植的作物主要有两种，其中苹果是经济作物，而贫困户家中暂时都只有玉米。有的贫困户像方才那位大爷一样开垦出新的苹果地，也得等五六年才能挂果，时间跨度太长了。国家计划在2018年实现脱贫，村里仅指望种植苹果很难达到目标。栾书记联系了玉米秸秆饲料销售渠道，现在村里也已引进了饲料加工设备，将尽快因地制宜建成饲料加工厂，使村民们能以资金入股、劳动获酬等方式从中获得收益。

从玉米地穿出，我们见到一大片苹果园，几位村民架着梯子在树林中忙碌，摘取苹果上的套袋。一亩苹果卖得1万元，这片园子的主人种植了16亩，一年能获得10余万元。但这收入也是用辛勤的劳动换来的：春天里苹果初挂，便需要将它们逐个套入袋中，以防风沙、霜雹、虫害。到如今时节则需要将袋子一一取下，让苹果们晒晒太阳，添上鲜艳的红色卖个好价钱。我们一行人在果园里停下，与村民们一同劳作，体验农村生活的艰辛不易。

一下午在苹果园的时光使人既劳累又欣慰。傍晚时分，我们原路返回村委会。再次行经泵房时，一位老人拦住了栾书记，并紧紧握住他的手不肯放开。原来是村里的老支书。我从他的当地方言中隐约听到夸赞栾书记做了很多事，一旁的几位村民微笑地看着他俩。挖土机、黄土地、灰泵房相映作了背景，远处是金黄的玉米地。这幅图景里含有武家塬村未完全告别的过去，也预示着武家塬村即将到来的美好未来，过去与未来在两位书记紧握的手中交接，令人动容。

武家塬村党建工作、基础设施建设、产业扶贫等各项工作都顺利向前推进着，村容村貌也渐渐焕然一新。在各级领导的指导和关怀下，在村民们自身的努力下，武家塬村一定会越来越美丽，村民的生活一定会越来越好。

武家塬中探民生

○ 中国反洗钱监测分析中心　乔若轩

2016年9月，跟随人民银行机关团委组织的“重温红色记忆·筑梦青春央行”青年干部主题活动，我来到了陕西省铜川市宜君县武家塬村，开展“根在基层——贫困村里话扶贫”调研实践活动。

武家塬村位于陕西中北部，紧邻210国道，交通便利。当地经济结构单一，绝大多数村民都靠种植玉米、苹果、核桃这三种作物为生。武家塬村现任第一书记栾春许是2015年派到武家塬村开展扶贫工作的央行青年干部，有了栾书记的陪同和帮助，我们的调研活动得以更加全面和深入。

9月24日上午我们从照金出发，历时约3个小时的车程抵达武家塬村，吃过午饭后我们决定先去村头田间到处走走，好对村子有一个直观的印象。虽然武家塬村邻近高速公路，但高速公路只能通到村口，村内的道路长久以来都是泥土路，平时就坑洼不平，遇到雨天就更加泥泞难行，村民们曾用沙石对路面进行修整，但沙石路经不起雨水的冲刷，效果并不理想。栾书记来到武家塬村便将解决道路不通畅问题作为扶贫工作的重点之一，为村里多方筹措协调资金，终于让武家塬村道路硬化工程得以启动和实施。在村里我们看到很多泥土路上都有明显的施工痕迹，路边也看到了不少正在施工的道路工程车辆，相信在不久以后武家塬村的村民就可以享受到水泥道路的便利了。

在一片玉米地中我们看到一个高四五米的三角形钢铁架，询问后才知道铁架下面是扶贫工作取得的另一项重要成果——水井。武家塬村降水不多，为了吃水当地村民不得不从十几公里外的其他村庄买水再运回来使用，不仅路途遥远，价格也不低。当地村民也会在家中修建水窖，收集雨水后静置沉淀，取窖中上层较为清澈的水使用，当地人称之为“窖水”，但这种窖水来源不稳定，水质和卫生状况都不好，无法满足村民的用水需求。武家塬的“塬”字指的是黄土高原地区因冲刷形成的高地，武家塬村黄土层较厚，打井需要向下挖两三百米，打一口井需要花五十多万元，铺设将井水输送至各家各户的管网的成本更高，村里难以负担。为了村里的水井和管网项目，栾书记也是跑了很多路，沟通了很多部门，才将所需要的资金协调到位。我们在玉米地中看到的就是水井所在的位置，而管网工程也在和道路硬化工程一同施工中。

武家塬村共130余户，500多人，其中低于陕西省贫困户收入标准的共24户，由于时间所限我们选择了其中的几户进行走访调研。调研中我们发现当地贫困户致贫的原因各有不同，有的是因病因残而丧失了劳动能力，有的是子女外出打工家中缺少劳动力，有的是子女考上大学无力负担学费，有的是因彩礼或治病等事件而背上债务难以偿还本息。调查中贫困户表示他们都曾受到政府、银行等部门的扶持，如给他们提供无息贷款，给他们发放救济补助等。离贫困户最近的农村信用合作社大概有3公里路程，村民办理存取款业务比较便利，已有的金融服务已经可以较好地够满足他们的需要，曾经困扰他们的无抵押贷款审批困难、贷款成本高等问题在各项金融扶贫政策的帮助下也得到了很大缓解。

最后我们调研小组与村干部及村里的党员进行了座谈，听取他们对村里扶贫工作的想法和建议。在会上村干部和党员们发言很实际，也很有针对性，有的同志希望能把村里的路灯也建好，有的同志说可以考虑发展养殖业，有的同志针对目前村中正在进行的秸秆饲料加工项目建议大家分散入股，早日解决资金缺口把厂房盖起来投入生产，有的同志提出缺少劳动力的贫困户可以资金参股村里的项目来增加收入。一年以来扶贫工作取得的成绩让大家对今后的扶贫脱贫工作充满了信心。

精准扶贫是全面建成小康社会、实现中华民族伟大中国梦的重要保障。路通不忘修路人，吃水不忘挖井人，武家塬村的村民一定不会忘记来自人民银行的扶贫干部，一定不会忘记党和国家的恩情。这次的调研扶贫活动让我们感受到了党和国家对贫困人口的关心，也为我们提供了一次宝贵的深入基层、了解基层的经历。在今后的工作中，我也一定会脚踏实地做好本职工作，为打好脱贫攻坚战贡献出自己的一份力量。

关于扶贫的几点思考

○ 征信中心　刘松灵

党的十八大以来，以习近平同志为核心的党中央以高度的政治感、使命感和责任感，把扶贫开发工作提升至治国理政新高度，广泛凝聚社会各界力量，推进实施精准扶贫方略，为到2020年全面建成小康社会奠定坚实基础。2002年以来，人民银行响应中央号召，定点帮扶陕西省宜君县、印台区两个国家级贫困县，也陆续为我们青年干部组织了“根在基层——贫困村里话扶贫”调研实践活动。事实已经证明，精准扶贫才能精准脱贫，对症下药才能拔除贫困。那么，究竟农村致贫的原因是什么？国家为精准扶贫制定的政策成效如何？我们又可以为精准扶贫做些什么？带着这些问题，在总行机关团委和印台区政府的组织安排下，我们一行五人来到铜川市印台区柳树台村，走访了多家贫困户，与村两委、种植大户以及贫困户面对面座谈，进行了深入交流，在间歇时间也去田间体验了秋收的辛苦。一方面，淳朴的村民和美丽的田园风光让我们深深地爱上了这片土地；另一方面，土房泥路，缺水、缺劳动力、缺产业的农民生存现状令我们心酸。国家在教育、医疗、社保、金融以及产业扶持等精准扶贫方面的政策确实在落地产生成效，让广大村民有了脱贫的盼头，看到了致富的希望。

虽然在村里仅待了两天时间，但感触颇深，下面我就柳树台村的扶贫现状谈几点感受：

一是因学致贫又因学脱贫。尽管柳树台村年长一辈生活条件极其艰苦且文化水平不高，但村里普遍对下一代的教育非常重视。近些年来，村镇上的小学、初中和高中逐渐被撤销合并，学生上学都得去周边镇里、区里，但是城乡间收入和生活成本差距较大，农村微薄的农耕收入很难覆盖学生在城市的生活学习成本。家中若有读书郎，则整个家庭的主要收入都要拿来支付子女在城市衣食住行学的费用，村中的贫困户有近三分之一因学致贫。但是，咬牙坚持让孩子读书的效果非常好，村里边出了不少大学生，甚至博士生，教育完成后，不但家庭的负担减轻了许多，也多了一条稳定的收入来源。可见，高质量的教育扶贫是阻断贫困代际传递的重要途径和提升贫困群众“造血”能力的重要抓手，贫困家庭只要有一个孩子考上大学，毕业后就可以带动一个家庭脱贫。上一代用暂时的贫困培养了有文化、有见识的下一代，发展就有了希望。

二是老乡奔小康，路得先畅通。柳树台村沟谷纵横，森林茂密，气候非常适宜粮食、核桃以及苹果等作物种植，蔬果口感极佳。一方水土养育了一方人民，但这方水土也成为了农村发展的阻碍。首先，因为地形关系，村民住得比较分散，山上山下均有人居住，即使山下村口到最近的省道也还有十里地，而山上的村民出行就更不方便了，不畅的交通直接加重了出行成本，又间接提升了物价成本，村民的日用品的购买主要靠两三天进村一次的小货车。其次，千沟万壑十分雄伟壮观，但也使耕地分散各处，未连成片的土地因此无法有效利用农业机械化工具，而且山下的泉水如何引到山上耕地灌溉也是一个问题。最后，交通不畅的束缚还体现在一些公共政策和社会发展红利无法正常落地，比如校车推广，比如网店和物流，地区间差距因为线下交通的落差而进一步放大。可见，加强交通基础设施建设，是顺应群众渴盼、推动扶贫攻坚、促进区域协调发展的重要举措。事实告诉我们，经济发展，交通需先行，它既是促投资、扩内需的手段，也是针对性的托底、筑底行为。

三是农村信用体系建设任重道远。第一，政府的牵头作用仍有待加强。《征信业管理条例》明确提出县级以上地方人民政府依法推进本地区社会信用体系建设，但在开展农村信用体系建设时，主要仍然是由人民银行和涉农金融机构去推动，其他政府部门缺乏动力。第二，风险补偿机制有待完善。理论上，信用较好的农民可以获得无担保的信用贷款，但是在实际操作过程中，农信社为防范风险，必须要求农民有一定担保方式，但是村民房产是在宅基地上，而果林等价值银行认可度较低，且需要专业人士评估，因此农民缺乏担保手段，导致农民有信却被拒贷，这也影响了银行和农户参与信用体系建设的积极性。第三，农村信用知识普及工作亟须改善。目前尽管农村会定期有信用知识的宣传，但因为村民普遍文化程度较低，对于宣传资料也缺乏阅读兴趣，所以宣传效果较差。同时，村民个人信用保护还不够，屡屡有被他人盗用身份信息的情况发生。总之，农村信用体系建设仍有许多地方需要改进，信用资料的整理和收集以及宣传方式方法要有别于现有体系，要接地气，要让村民听得懂、想得清、做得来，而不是拿城市的一套照本宣科。

齐心协力共抗贫

○ 中国金融出版社　方蔚

经过三十多年的改革开放，我国大部分居民从最初的贫困，到后来达到温饱，再到实现富裕，总体经济水平、民生状况得到很大改善，但仍然有不少人在贫困状态中挣扎求生。2016年3月，人民银行等七部门出台了《关于金融助推脱贫攻坚的实施意见》，加速促进脱贫工作的深化实施。2016年9月24日，人民银行机关团委组织总行青年干部赴铜川市开展金融服务工作。我们小组一行五人来到铜川市宜君县哭泉镇淌泥河村进行调研。

宜君县哭泉镇淌泥河村距县城南14公里，距镇政府1.5公里，210国道贯穿村庄，村庄傍山而落，密树参天。宜君梯田嵌于村外，风光四时不同，素有“上帝的指纹”美称。经过了解，全村分为4个村民小组，159户591口人，全村耕地面积2100亩，其中种植密植地膜玉米1600亩，种植核桃800亩，建有特色农家乐13家，现阶段村庄基建投资力度大，全村通水通电、网络信号覆盖、新房返修、垃圾清理等均已完成。村中有核桃专业合作社1个、农机合作社1个，无企业。

了解了大致情况后，我们决定去农户家中走访，探究实情。住在一间破落老房中的晏大叔，今年58岁，家中两口人，有一女儿在榆林上技校。大叔现在患有高血压和心脏病，不能下地干重活，也不能外出务工，家庭收入来源存在问题。大叔透露，好在他是政府的低保户，每月能有250元补助，加上自己家5亩玉米地请人代种，自己也养养家禽，因此日常开支也能应付。大叔一辈子勤恳本分却坎坷不断。他青年丧妻，中年遇父母双病，照顾卧床的父母18年，膝下只有一养女，家中房屋产权不属于自己，平日靠吃药来稳住病情。在对晏大叔的悲惨遭遇感到同情的同时，我们也对目前政府以及村邻对他给予的帮助感到欣慰。

住在山坡上一间老式平房中的李大叔的遭遇同样凄惨。李大叔今年45岁，家中无儿无女，孤家寡人。在他16岁那年，得了罕见怪病，自此腿脚失去行走能力，膝盖不能弯曲，终日只能仰卧在床，这一躺就是30年，一个少年躺成了如今不堪苦楚的潦倒中年。在交谈中，我们得知大叔属于五保户，每月有463元补助，加上每年600元的残疾补贴，一人生活足矣。

在这个村子中，像晏大叔、李大叔这般困难的贫困户共有18户，其中低保户3人，五保户5人，大部分是因病丧失劳动能力致贫，小部分老人因无儿女赡养致贫。在走访其他的贫困户后，我们发现无经济来源是贫困的症结，要想让村民脱贫，就得培养引导他们通过自身劳动或资源脱贫，做到“授人以渔”。对于实在无法劳动的，才完全通过补贴资助其生活。政府既不能不管，又不能过于慷慨，否则会养成其惰性，造成不是“真”脱贫的现象。

关于脱贫方法，村里的扶贫思路是借助目前县里对村里的基础旅游设施建设将村子打造成一个集观光、休闲、娱乐为一体的旅游小镇，以此带动村民用其所长，有能力会管理者经营管理，其他村民各尽所能做保洁、景区各项服务等。

村民同样可以以资金或土地入股分红。目前在建的项目中，“中国最美旱作梯田”景区、孟姜女“哭泉”景点在年底就能全面收工，届时，景区带来的客流量势必能提高村民的收入。

在中国广大的农村中，我们所调研的村子并不是绝对意义上的贫穷，实际的情况是村民怎样才能增加收入，是生活不再拮据，不再受制于看病、上学、婚丧等事件。对于贫困户，帮其打开思路，培养其自立的意识，给予其自立起步期的技术与资金支持，精细化做好定期上门走访工作尤为重要。政府在扶贫攻坚中是中流砥柱，社会各方资源力量同样也能雪中送炭，政府协调各种组织、人员进行“一帮一”结对扶贫，效果肯定会更明显。若村民自身积极配合，政府大力支持，各级社会资源合理协调，全民脱贫大计完成指日可待。

扶贫之举，功在坚持，只要大家同心协力、众志成城，这一脱贫攻坚仗一定能取得最终胜利！

笑在哭泉

○ 金融时报社　张异凡

什么是贫困？自小生活在城市的我对此懵懵懂懂，只记得老一辈人时常提起旧时的日子，那时没有白面，没有新衣，只有过年才能吃上鸡蛋……那时人们总说：面包会有的。如今，面包是有了，但并不是处处都有，在我国许多地区仍然是存在贫困现象的。

这次根据总行的安排，我们来到陕西省铜川市宜君县哭泉镇淌泥河村进行入村调研。沿着蜿蜒的210国道盘旋而上，公路两侧满是茂密的地膜玉米和核桃林，不经意间，一座小村的轮廓便呈现在了我们眼前。这就是哭泉镇淌泥河村。与老一辈的讲述不同，走在村子平整的道路上，我们发现，村民的房子大多经过翻新，老式的土坯房已寥寥无几，很多农户还购买了汽车，扶贫工作已初见成效。

宜君县哭泉镇淌泥河村位于宜君县城南14公里处，距镇政府1.5公里。全村有4个村民小组，159户591口人，分别居住在210国道两旁，全村耕地面积2100亩，核桃种植面积800亩，主导产业以玉米、核桃为主。近几年，村两委带领群众改造农田、平整山坡梯田1000亩，种植密植地膜玉米1600亩，每年春播后，全村山坡梯田呈现一道道美丽纹路，仿佛上帝指纹，风景迷人，加之便利的交通，带动了第三产业的发展，并依托资源条件发展特色农家乐，为部分农户创收。

目前淌泥河村共有贫困户18户，占全村总户数的11.32%，致贫原因多为疾病、残疾或上学。当地政府针对这些贫困户的不同情况，采取了相应的帮扶措施，如贴息贷款、教育扶持、医疗救助、政策建房、公益性岗位、产业扶持等，其中5户享受到了五保政策，3户纳入了低保户。

在这调研的两日内，我们随机走访了一些农户，对他们的贫困以及接受扶贫情况进行了了解。张素珍，一位77岁高龄的留守老人，精神矍铄，热情好客，言语间表现出乐观积极的人生态度。老人丧偶十余年，一儿一女均在外打工，一个人住在老房中，身患冠心病、慢性脑梗，无法务农，便将家中的五亩地租于他人，租金微薄。“感谢共产党，给我发了高龄补贴和养老金，生活足够用了，我还想再活20年！”老人家笑着对我们讲，看得出她对政府的扶贫政策很满意。和张素珍老人同组的宴清龙则命运十分坎坷，早年丧妻，父瘫母病，抱养的女儿正在外上学，依靠助学贷款支付学费。宴大叔身患疾病不能劳作，家里的地靠雇工种植玉米，扣减支付给雇工的劳务费，收入少得可怜。政府对他的情况进行了解后，将他纳入低保户，并对他进行了产业扶持，如今宴大叔养了40多只鸡，生活逐渐有了起色。我们一共走访了8家农户，其中包括4家贫困户，总体上讲，淌泥河村多数农户的生活并非捉襟见肘，但一些农户由于特殊原因，并没有持续稳定的收入来源；政府的帮扶措施正在逐步开展，如今已初见成效。除此之外，我们还通过与村两委座谈以及实地查访当地陕西省信用合作社，对淌泥河村普惠金融的发展情况进行了了解。淌泥河村距镇银行以及合作社较近，办理业务较为方便，农户办理贷款业务的数量可观，信誉良好。但目前的贷款种类与农户的需求尚不能完全匹配，且存在捆绑销售保险的问题。另外，农户普遍反映信用社办理业务的手续烦琐，耗时较长。对于理财产品，村民所知甚少。

通过两日的调研，我对“‘输血’更要‘造血’”这句话有了更加深刻的认识。哭泉镇淌泥河村在为贫困户提供扶贫政策的同时，大力发展旅游业，从而带动村民发展餐饮、住宿产业，且项目的施工又为农闲时的村中劳动力提供了工作机会。一个景区的开发为村民带来了实惠。此外，对符合条件的农户进行产业帮扶也是授人以渔、标本兼治的方法。

在调研中，我们发现当地村民的观念较为落后，不懂得利用理财产品滋生利息，也不愿意转变思路，创新增收。五保户李宽新是一个思维开阔的人，他16岁突发奇疾，从此双腿瘫痪，但与其他只肯务农打工的村民不同，他身残志坚，自学医术为村民诊治，并且自制独家秘方骨质增生膏造福村民，凭借自己的智慧自力更生。李宽新就是一个转变观念的范例，他认为靠人扶贫不如自己脱贫，努力学习，把握机遇，为自身的脱贫寻找新的道路。因此，提高村民受教育水平，加大金融知识宣传力度，对扶贫攻坚具有重要意义。走访中，我发现淌泥河村的村民对下一代的教育十分重视，创新增收可以依靠青年一代，但青年一代在学有所成之后大多都选择了走出农村，所以应该出台适当的政策，吸引走出去的青年村民回村建设、助力村民脱贫致富。

消除贫困，自古以来就是人类梦寐以求的理想，是各国人民追求幸福生活的基本权利。在哭泉镇淌泥河村，打赢扶贫攻坚战，让一张张笑脸充满哭泉！

掰玉米有感

○ 清算总中心　王鹏

2016年9月24日，刚刚结束了照金培训的我们一大早便被郭锐书记拉到了陕西省铜川市印台区金锁关镇半截沟村“体验生活”。此行我们的主要任务是进行入户扶贫调研、开展一次金融知识宣传、举办一次“我为扶贫献一策”座谈会、帮助农民进行一次田间劳动。

虽然之前也有过心理准备，但是随着离城市越来越远，看着路边越来越破的房子和越来越多的玉米地，心里也逐渐忐忑起来。刚到村里，村里的路便给了我们一个“下马威”：由于山路太陡，中巴车上不去，郭书记只好把我们扔在了稍显破败的村委会前，等待村支书找交通工具把我们和一堆行李拉回家去。在上山的路上，看着盘旋的车道，真怕车子一失控我们就会翻下山去。同行五人都是从小在城市长大的，对于眼前的一切和即将发生的一切，我们都充满了好奇、惊恐和期待。

在张支书简单介绍了村子里的情况后，我们一行人便挽起袖子准备“大干一场”。初到玉米地，满眼的金黄深深地震撼了我们。张支书说，由于孩子已经在城里定居，玉米成熟时只能靠他与妻子收玉米，30亩地需要他们忙上两个月。按照一亩地300元钱的纯利润，他们最多只能有八九千元钱的收入。掰玉米看起来简单做起来难，我们一行五人风风火火干了两个小时，一亩地才仅仅清出了一小块空地，其间还有两人因为过敏和虫咬“光荣负伤”。随后我们跟随张书记对村民进行了入户扶贫调研，调研过程中我们发现，基本所有的村民都反映家庭主要收入靠种玉米和打零工，想要响应政府扶贫政策进行产业创收却因为家里的劳动力不足和资金不足无法实施。半截沟村的村民们都是淳朴的，没有一个村民说扶贫政策的不好，但是大家眼里却都露出了深深的无奈。

由于山村土地都是表层土，种水果蔬菜不能量产且品质不好，因此村民们只能选择最省时、风险最小的玉米。然而，按照当地市场价格，每斤玉米只能卖7角多一点，一家人除了种玉米再去城里打打零工，才能勉勉强强地过下去。由于农村房产价值不被银行承认及贷款至少需要一位公务员进行担保，村民们普遍认为贷款难度高、周期长。加上较高的贷款利率和并不长的还款期限，村民们对致富创收缺乏信心。虽然国家精准扶贫政策可以对贫困户提供两年期5万元无息贷款，但是大多数贫困户是因残因病所致，他们往往也无法用这些钱来实现创收。村里越穷越留不住年轻人，劳动力短缺，村民即使能贷出钱来，也因人力不足无法形成规模产业进行创收，由此形成了恶性循环。张支书说，村里现在基本上40岁以下的年轻人都常年在外打工，村里的实际常住人口90%以上都是老年人。70多岁的霍大爷悲伤地说，等他们老去了，这个村也许就不存在了。

第二天，再次来到村支书的玉米地，我们看到的不再是金黄色的海洋，而是半截沟村家家赖以生存的命根子。随着我国经济的快速发展和城市化进程的加快，农村大量劳动力涌入城市务工经商，使农村开始出现空巢家庭并逐渐呈上升趋势。如果不能在农村形成强有力的产业链，这种趋势将会越来越严重。我认为，建设培养村镇企业也许会是一个有效的方法，如果当地政府能够找到突破点，支持发展本地企业，则既能转移农村剩余劳动力，增加农民收入，又能缓解空巢问题，促进社会和谐。如果能在当地政府的牵头下建设一定规模的养殖场，由政府带来技术及足够的贷款，村民们还是愿意搞养殖业的。养殖业的兴起不仅能够提高本地玉米市场价格，还能吸引年轻人回到乡村创业致富。

然而，说起来容易做起来难，面对银行的抵押及担保门槛，面对村民们的消息闭塞和技术落后，面对老龄化严重及人才短缺，要建设起一条生态产业链谈何容易。傍晚，夕阳西下，看着手中金黄色的颗粒饱满的玉米，我想我们应该对未来充满希望。“万事开头难”，对于精准扶贫，我们还需要继续摸索前进，但是我相信，一定会越走越好。

这里的村庄静悄悄

○ 清算总中心　易笑天

2016年9月29日，周六，小雨，我们一行人来到了铜川市印台区金锁镇半截沟村霸王庄。狭窄、泥泞的小路是我对这个村子的第一印象，相比其他小组到达的村庄，半截沟村的居住条件和环境略差。我们本次调研实践活动的主题是“根在基层——贫困村里话扶贫”。

在张书记的陪同下，我们走访了不同情况的农户，有贫困户、低保户、致富户等。通过座谈，我们对当地群众的贫困情况有了一定的了解，发现当地的贫困成因，与群众受教育水平低、当地生产结构单一、缺乏劳动力等因素有关。在实地走访中，我们所看到的除了青山绿水和黄灿灿的玉米，就是年迈的老人。在半截沟村，所有青壮年均外出打工，留在村子里的都是50岁以上的老人，导致劳动力极度缺乏，扶贫项目不能起到效果，整个村子也显得死气沉沉。

“说村不是村，有院没有人；说地不是地，草有半人深”是半截沟村的真实写照，我更愿意称之为“空心村”。这会造成怎样的后果呢？据我观察，一方面，留守在家中的老人和儿童无人照顾或缺乏关心，严重影响他们的身心健康。青壮年劳动力进城后，疏远了家乡亲友，减少了对子女学习、成长的关注。鉴于此，我们需要重新审视农村劳动力外流，借以关注儿童和老人的生活和精神层面的问题。另一方面，青壮年的外出造成了农业发展后劲不足的局面，这也就意味着，我们将陷入农业发展后继无人的困境，而作为以农为本的大国，我们急需采取措施，以防农业发展出现可怕的“断层”，进而扭转农业发展后继无人的危险局面。

青壮年外出打工，究其原因，一是进城务工的收入远高于种田的收入。二是农村基础设施薄弱。仅以半截沟村为例，交通十分不便利，路面坑坑洼洼，基本无法通大车。相比之下，城市有宽阔的水泥沥青大马路，出门有方便的公交车，这些完善的交通设施增强了城市对农村青壮年的吸引力。此外，农村医疗卫生基础设施薄弱，农村无卫生所，村民们看病要去市里，而城市的医疗设施自然不必多说。农村的文化基础设施也很薄弱，村民精神文化生活单一，全村的会议场所刚刚建成，没有休闲娱乐的场地，加上在山里，村民家距离较远，茶余饭后只能在自家休息。相反，城市有公园、广场、剧院等公共娱乐场所，闲暇之余人们能够得到更好的放松。三是农村教育水平落后，教育经费与城市相比有巨大差异，这就直接导致教育资源分配的不公平，以及城乡教育机会和教育质量的不均衡。于是，为了给孩子创造优越的学习条件，大批青壮年劳动力涌向城市。四是城市高于农村这一观念已深入农民内心，青壮年受城市多彩生活和舒适条件的诱惑，把走出农门、跨进城门作为目标。

我认为首先应该大力宣传“三农”方针政策、新农村建设的先进事迹等，帮助农民树立自信心，让农民意识到自身及农业在社会发展中的重大作用，从而扭转城乡等级观念。其次要加强农村基础设施建设。要想富，先修路。加大对农村道路建设的投入，改善交通状况，更容易为农产品找出路，增加农民收入。政府还应完善农村水利设施建设，减少农民靠天吃饭的现象。此外，还应大力加强文化建设，丰富村民的精神文化生活，改变以打牌、打麻将为主的不良娱乐方式。增加对村镇卫生所、医院的投入，提高农村医生的整体素质，解决农民看病难、看病贵的问题。再次，农村教师是农村学生所能获得的最重要的教育资源，改变教育资源分配不公现状是目前急需解决的问题。最后，结合精准扶贫，出台惠民政策，减轻农民负担，留住种田能手。适当调控种子、化肥、农药等价格，从实践上做到惠农；加大科技投入，研发高产优良品种，提高农作物单产，提高农民收入，这样才能留住劳动力的脚步。

在出发的前一天，龚杰、崔海洋、毛奇正、栾春许分别介绍了所在单位的扶贫工作情况，我真切地感受到人民银行派出的干部是在真心实意、积极努力地带领农民脱贫致富，也在进村调研和访谈中有了更深的思考和感悟。这次调研的目的和意义除了让我们深入了解党情国情社情民情外，还有当好扶贫方针政策的宣传员和解决扶贫实际困难的办事员。回到工作岗位，我想我会更加关心“三农”问题，从实际出发，从小事做起，积极支持定点扶贫工作。

扶贫攻坚战

——时代的使命　我们的责任

○ 清算总中心　母筱彤

在人民银行总行机关团委组织的“根在基层——贫困村里话扶贫”主题实践活动中，我们所有青年员工分成12个小组，每组4～5人，以一个村委为对象，实地调研农村普惠金融与精准扶贫的现状。生活在城市享受着现代化设施的我们，与乡村渐行渐远，但是如果追溯到父辈或祖辈，大多都来自农村，有些也祖祖辈辈耕耘着一方土地。很多人有着儿时在乡村过暑假的美好记忆，我们记忆中的乡村，或是田园牧歌式的诗意，或是“采菊东篱下”的闲适。然而正如李克强总理所讲，中国仍然有五千万农民属于赤贫，真正来到贫困村，与农民同吃、同住、同劳动，才真正理解农村，体会乡村生活的酸甜苦辣。

我们小组调研的焦坪村隶属于铜川市宜君县，这里地处关中平原与黄土高坡的交界，独特的气候带来了充沛的降雨，并没有呈现黄土高坡千沟万壑的地貌，反而受前些年退耕还林政策的影响，绿化率高达40%。焦坪村交通发达，公路基本已经覆盖全村，基础设施配套情况良好，水、电、网均已入户。但是之前村民乱倒垃圾、乱排污水现象严重，村主任介绍，2016年由县环保局和扶贫局负责，新建垃圾台5处、垃圾填埋场1处、排水渠千余米，大大改善了村容村貌，为村民生活提供了切实的便利。基础设施建设是乡村建设的重点，与村民生活水平紧密联系，是各级政府最应重点关注的方面，而对于基础设施的投资，则是长期经济发展和生活水平提升的有力保证，是扶贫攻坚战的重中之重。

焦坪村的经济状况与附近村庄相比差距较大，村民人均纯收入约8800元，并且高收入人群多为外出务工人群，收入其实并不稳定，多为35岁以下的青壮年，受经济和就业市场波动的影响明显。村里土壤品质优良但十分稀缺，人均耕地仅1.5亩，以种植玉米为主。令我们感到震惊的是，农民辛苦一年每亩地只能收入一千余元，扣除种子、化肥等成本后，纯收入仅有六七百元。同时，村里由于土地分散程度高，养殖业也没有形成规模，只有零零散散的养鸡场。在调研中我们发现，村民们热切期盼好的项目引进，例如高附加值的经济作物如樱桃、花椒，大规模的养殖项目等。村民们希望能用自己的双手勤劳致富，解决就业问题，持续发展产业。面朝黄土背朝天的庄稼人，不怕辛苦，不畏困难，古铜色脸上诚挚的笑容，充满了感染力。

焦坪村的目标是2017年底脱贫，为了赢得脱贫攻坚战而推行的精准扶贫政策，在这里大多还停留在纸面上。“一户一产”的具体规划尚没有落地，贫困户无条件三年贴息贷款的政策尚没有真正发挥作用，2017年底脱贫目标仍然任重而道远。从“输血式”扶贫到真正可持续发展的“造血式”扶贫需要规划的具体落实，小农经济转变为集体合作模式也需要土地、资金、人力等多方面资源的整合。座谈会上我们了解到，村主任周主任对扶贫政策的宣传比较到位，对贫困户认定等环节也做到了公平公正，在“两线合一”后杜绝了干部家属、公职人员“关系户”吃低保等现象，受到村民的认可。基层工作不易，乡村事务的复杂性与多样性只有这样的零距离接触才能切身感受到。

在对贫困户的入户调研过程中，我也深深体会到，贫困是一种不幸，尤其是因病、因残、因事故而丧失劳动力，甚至生活不能自理的特困人群。当人民面临生活的不幸，社会对待弱势群体的方式能够影射出一个社会的文明程度。如何让每一个人有尊严地活着，保证“老有所依、病有所养、居者有房、实干者有资金、无力者有保障”，是社会和政府的职责所在，也是我国当下和未来经济发展面临的考验。扶贫是历史赋予时代的使命，是时代赋予我们的责任，希望在我们这一代人的努力下打破“富者愈富、贫者恒贫”的魔咒，不让杨改兰式的悲剧重演。

扶贫，我们在路上

○ 清算总中心　赵昕悦

坐在堆满了行李和挤满了人的小巴车上，我们依依不舍地离开了美丽的红色小镇照金，开始了为期两天的扶贫之旅，我们小组扶贫地点是印台区金锁关镇半截沟村。汽车沿着开往半截沟村的方向行驶，从宽阔平整的柏油马路慢慢地过渡到了颠簸的石子路。车走着走着慢慢停了下来，以为到达目的地的我们开始收拾东西准备下车。这时，司机师傅缓缓地叹气道："没有路了。"我们这才看到眼前是一条通往山上的狭窄坡陡的土路。半截沟村的村支书——一个50多岁脸上布满岁月痕迹的老人过来接引我们。看到拎着这么多行李的我们，张书记嘱咐我们先在山下等他找个车把我们拉上山。这样，我们就告别了小伙伴，在半截沟村的村委办公室等待着张书记。

正当我们等待得百无聊赖之时，张书记开着一辆破旧的全是土的桑塔纳到了院子。面对着这样一辆小车，我们想了很多种装箱办法，终于将5个大行李箱和6个人塞进了这辆门已坏掉的小车里。在狭窄的盘山公路上，张书记的车技让我们叹为观止，我们五人紧紧地抓住把手，任凭张书记大踩油门带我们冲上一个又一个的陡坡。终于到达了张书记家的院子，想象着农村的热炕头，我们欣喜地搬下了所有的箱子，然而等待我们的是两间窄小的活动板房。其中一间房放置着一张一米五的双人床，另外一间摆放着一米三的单人床。我们的组员是三个看起来不太瘦小的女生和两个比较健壮的男生。瞬间，我们五个人就“石化”了。这时，书记家的阿姨边给我们引路边跟我们解释：“不好意思啊，家里太小了。这个被子我昨天都拆洗过了，这两个房间是我儿子和女儿回来住的地方……”我们这才知道阿姨本来在市里伺候正在坐月子的儿媳妇，昨天听到我们过来，赶回来洗被子准备吃的。听到这里，我们心里很感激，但又充满了深深的歉意。

接下来我们就开始了一天的走访，走访的第一家主人是接近60岁的残疾人。虽然是下午1点，屋内却是漆黑一片。家里只剩他们老两口，孩子都在外地打工，大城市的压力压得他们连自己的生活都举步维艰，更不要说照顾农村的父母。失去左手的这位村民跟我们说道：“家里孩子都出去了，就剩我们老两口，我手残疾，干个重活身体扛不住。村里的土地不适合种植其他高产量的作物，只能种玉米。”当我们问他为什么不贷款去增加农业生产投入、扩大再生产时，他摇摇头，说道：“贷什么款？贷个款要公务员担保，我上哪儿找级别高的公务员去？就是贷下来我也不知道能不能还得起，天天担惊受怕的，我也是个老实人。你说我们就老两口，现在随便种些玉米也就够了。年纪大了，也不想啥致富了。唉！农村都没有人了。”从他家走出来后，我的心变得沉重了起来。

我们沿着村庄继续往前走，经过一个个空置的院子时，书记伤感地说道：“有点本事的人都搬去城里了，剩下这些人什么都不愿意干。”走了很久，看到一个土坡下面有四间平房，书记说这里只住着一位75岁的老人。我们走进老人的屋里，同样是黑漆漆的一片。这位留守老人种植些玉米维持生活。我们走的时候，老人感慨地说道：“活着没啥意思，再过几年，我也就走了。”我的心变得更加沉重。

走访了一路，没有见到一个年轻人，有拄着拐杖的古稀老人，有年近六十的残疾大叔。村民们对于自给自足的生活已经满足了，大家都想着没病没灾地度过这样的一生足矣。是啊，在中国的传统观念里五十岁而知天命，人到一定的年纪也就认命了。

村里的交通不便，生活设施差，信息闭塞，年轻人在这里看不到希望，去外面的世界闯荡，留下老人深居山里。没有了青春的活力，没有了年轻人的闯劲，没有了新事物的冲击，半截沟村就像失去了生命一样。没有一家商店，没有一家诊所，没有一所学校，山上的每家每户就这样过着自给自足的生活。泥泞的土路，破旧的房屋，补丁的衣服，老人们的生活条件艰苦得让人心酸。可能有一天这个村庄就随着这些老人的逝去慢慢地消失了。

带着沉重的心情，我们下山走访了山下的移民新村，看到另一番与山上截然不同的光景：整齐的房屋，来来往往的车辆，便利的生活设施。新村的人是前几年政府用地搬迁到了现在这个地方。山下的村民虽然都不算年轻，但想的更多的是怎么能够摆脱现状，让家里过上好日子。他们尝试着贷款扩大农业再生产，还清家里的债务。但是由于信息闭塞，他们无法知道市场的需求，知识的匮乏使得他们不敢去尝试新的致富项目，资金的有限让他们无法开展现代化的农业，所有的这些约束让他们同山上一样种着这里传统的农作物，辛苦一年也就够生活。

在山下我仿佛又看到了希望，这一刻我突然理解了“精准扶贫”的含义。每家每户的贫困程度不一样，对物质的需求也不同，主观能动性更是千差万别。对于留在农村自给自足的人，可以帮他们在现有的基础上打开农作物的销路，解决他们的收入问题，提高生活水平。而对于想要致富的人，政府帮助贷款，传播技术，引进项目，提供金融支持，可以帮他们走出困境。因地制宜，因人而异，扶贫，我们有很多可以做；扶贫，我们还在路上。

天道是否酬“勤”

○ 清算总中心　傅晓骏

2016年9月24日，我们一行五人赴陕西省铜川市印台区半截沟村开展调研活动。车行至金锁关镇，我看到一户人家门楣处四个大字：天道酬勤。看着路边简陋的民居，我在想，这到底是真理还是自我安慰？如果仅凭“勤”就能受到上天眷顾，就能获得财富和幸福，那世上为何还有那么多贫穷和苦难？贫穷的原因在于人不“勤”还是在于“勤”本身的无济于事？

当天下午，在村支书的带领下，我们同几位村民进行了座谈，并开展了入户调研。经过一下午的走访后，当我再次思索那门楣上的“天道酬勤”，突然有了另一种理解。我想，起早贪黑、四时耕作的农民并非不勤，只是被上天眷顾的“勤”应当包含“勤”的意愿、“勤”的能力、“勤”的途径和“勤”的环境。

“勤”的意愿指有脱贫致富的意愿。在我们此次走访的半截沟村，村民大部分年龄都在50岁以上。对于他们来说，维持现有生活就已经很满足了，即便每年只有一两万元的收入甚至更少，只要生活过得下去，就并不想“冒险”参与政府扶持的脱贫项目，贫困户申请小额贴息贷款意愿也并不强。相较而言，政府提供金钱扶助更令他们感到实惠。有工作能力、有致富想法的年轻人一般都外出打工，留在村中的多是安于现状或限于能力的人。

在调研前，武家塬村第一书记曾给我们介绍过他协助改善村风村貌的举措，原先村民业余生活比较单调，以一些消遣活动为主。在他的推动下，村民开始有组织地开展业余活动，村里还邀请大学生为儿童开办启智学校，告诉他们什么是大学，什么是音乐，什么是美术。我想，多数农民“启智”方面的欠缺或许是缺乏脱贫动力、致富动机的原因之一。

“勤”的能力指有脱贫致富的能力。在受访的几户人家中，基本没受过教育或受初中以下教育的居多。对于他们来说，做基本的农活是力所能及的，也是仅能做的。贫困户中，因残因病致贫的较多，这意味着丧失了部分劳动力，而无法真正参与到很多扶贫项目中。很多人都表示，更希望得到直接的金钱补助，尤其对家中有病人的贫困户，金钱补助更加直接、更加救急。

“勤”的途径指有脱贫致富的方法。当天下午帮村支书家收玉米时，我们得知此地主要依赖种植玉米为生，而一亩玉米仅带来三四百元收入，若搞其他种植或养殖业，一怕自然条件限制，二怕销量、价格不好。联想到目前已有村镇通过网上平台等推销本村农产品，甚至打出品牌，我想，这也应当是今后农民扩大农产品销量的一种举措。

由于村中信息闭塞，村支书多次表示希望我们做些金融信息宣传，让村民及时了解到最新政策，让精准扶贫的范围不多不漏、过程公开透明。此外，抵押贷款约束太多，令许多有意贷款的农民无处可贷；农业保险往往理赔难，2015年投保的农民并没有享受到便利的理赔服务，2016年投保的农民就少之又少；道路修建断断续续，一直无法将公路通到家门口，限制了交通和贸易……这些问题都成为村民脱贫致富的障碍。

“勤”的环境指有脱贫致富的政策支持。政府的政策扶持，不仅有项目扶持，也应当包含为农产品广开销路，提高价格，开发多种农业模式等。此外，一旦政策制定者缺乏统筹思考，很容易设计出相互矛盾的政策。例如，在同村民熊大爷交谈时，他谈到前几年政府鼓励养羊，没过几年又号召封山育林，导致村民无处放羊，最后只能低价卖掉；又例如，对贫困户的界定政策往往让生活条件相似的农民受到不同界定、享受不同政策，无法帮助更大范围的农民。这些都是脱贫攻坚战中的阻碍。

两天调研其实并不能深入了解这些问题，提出可行性强的对策，但却让我们对农村现状有了切身的感受。改革开放以来，农民为国家奉献了许多，也牺牲了许多。如果说城市是一个国家发展的果实，那乡村就应当是国家发展的根脉。扶贫本身并不只是一个方面的举措，而应当让贫困者首先有脱贫的意愿，让有意愿者有能力，有能力者有途径，有途径者有环境。唯有根脉坚实，国家这棵大树才能枝叶繁茂、硕果累累。

在小说《了不起的盖茨比》开篇有一句话：“每逢你想要批评任何人的时候，你就记住这个世界上所有的人，并不是个个都有过你拥有的那些优越条件。”我想，短短两天的调研活动并不能让我们的脚下沾有太多泥土，甚至只能沾些浮土，但足以让我们放下高姿态，少一些批判，多一些理解，并在未来工作中，奉献一点微薄的力量，让那些本不够“幸运”的人，能够有意愿、有能力、有途径、有环境将勤劳转化为财富。

我在贫困村的三个心态

○ 金融信息中心　谢乔

2016年9月24日，50多名人民银行新录用员工分为12个小组开赴铜川市数个贫困村，开展了为期两天的扶贫调研工作。我们小组一行五人来到了宜君县云梦乡县口村。如同进村时经过的千沟万壑，在县口村与村民同吃同住度过的这两天中，我的心态也经历了巨大的起伏。下面我以此文将我在贫困村中的心路历程记录下来，关于贫困村的经济状况与扶贫道路的研究和讨论将由另外的调研报告进行记述。

刚来到贫困村时，我的心态用“志足意满”四个字来描述最为恰当。在前来的路上，焦裕禄、吴金印等优秀村县书记的形象在我脑海中不停闪过，我已经信心满满地开始构思各种为陕西老乡解决困难的场景。到达村中后，刚刚在村书记家安放完行李，我们就迫不及待地与韩文耀村主任攀谈起来，希望将书本上和之前在培训时听到的扶贫经验兜售出去。但是一个个生搬硬套、不合实际的建议却引得韩书记苦笑连连。不过最后，他仍然耐心地向我们介绍起县口村的详细情况以及他正在或是筹划推进的扶贫措施。

听到村里艰苦的经济及环境条件后，我迅速感到之前所提的建议是多么“徒有其表”和“想当然”。可是虽说如此，听到韩书记介绍的扶贫举措后，我依旧有些沾沾自喜，心想：用这些普普通通又不惊世骇俗的措施就能脱贫，那脱贫岂不是太轻而易举了？这些措施实施起来哪有什么难度？

第二天上午，韩书记召集村干部和几家条件尚可的贫困户与我们展开了正式的座谈。我们与贫困户有了第一次的当面接触，开始详细地询问和深入地交流。但随着交谈气氛的升温，我却逐渐陷入了沉默，“绝望”的心态充斥着我的内心。原来贫困户的情况是这么复杂与难解，每家都有着每家的难处。韩书记提出的那些门槛极低的脱贫措施竟有些贫困户实施不了，更别提我们之前想的那些“宏伟”的计划了。面对着老乡朴实的眼神、诚恳的话语，我强烈地感受到他们的期冀与彷徨，紧随而来的是对自身的无力与渺小而感到的失落。我能帮助他们什么呀？连韩书记提出的用微小的初始投入就可能获得不错收益的好计划都让村民们顾虑重重，更何况是我们好高骛远的计划呢？各个村干部为了让贫困户认可，不停地宣传和说服，而一旁的我却逐渐沦为他们讨论的看客，如同冲动地冲入马拉松赛道的游客，看着一个个从我身边跑过的运动员咬着牙挥洒着汗水，我才发现自己只是一个毫无作用的“外人”。

下午，我们在村中开始了村民实际情况的入户调查。不管是否为贫困户，贫穷的现象在村中是普遍的。农产品价格不高、信息闭塞导致农民收入不高，也难以找到提高收入的方法。生病、修房子、上学、娶亲等事情又会轻易地夺走家庭数年艰难存下的积蓄，甚至直接导致农户背上多年的债务。

虽然各家都有着各种各样大大小小的困难，但是每年每户向往着更好生活的愿望是一致而强烈的，不管有多少劳累与沧桑写在老乡的脸上，从他们的眼中总能看到希望的光芒。“娃儿一定要供去上学”“等病好了，我就贷款去养几只羊”“不干农活时，会去市里打工当厨师，未来希望能贷款开个餐馆”“韩书记说种花椒收益好，开春我就准备种上几亩”……一句句老乡们的话语不停地触动着我的内心，原来面对困境，他们从未放弃；原来他们在脱贫的道路上，已经前行了不少的路程；原来在他们面前，未来的路已经逐步宽了起来，现在需要的只是一个指引或是一下轻轻的“助推力”。

我终于明白，贴合农民实际需求的金融服务是如此必需与有效。在农村，金融的基础环境虽然有所改善，但是更缺乏的是各种金融机构给农民们提供多样化的金融服务。想到金融产品能贴合很多农民的需求，更多的金融服务必然能带给农民更多新的希望，我的内心也逐渐温暖起来。

现在，我刚刚坐上了离开的车辆，正远离这片我刚刚熟悉起来的土地，但我感觉相比刚刚到来时，现在的我才算是和村里的老乡们站在一起，虽然我已与他们分离，但我和他们心中怀揣着同样的希望。

小庄村扶贫情况调研

○ 金融信息中心　于淼

为贯彻落实党的十八大、十八届三中全会精神以及习近平总书记关于扶贫开发的重要指示和政府工作报告对扶贫开发工作的部署要求，进一步完善金融服务机制，促进贫困地区经济社会持续健康发展，中国人民银行、国家发展改革委、财政部、银监会、证监会、保监会、国务院扶贫办于2016年3月21日联合印发《关于金融助推脱贫攻坚的实施意见》（银发〔2016〕84号），紧紧围绕“精准扶贫，精准脱贫”基本方略提出了金融助推脱贫攻坚六个方面共22条细化落实措施，明确了新形势下金融助推脱贫攻坚的总体要求、目标任务和重点工作。

2016年9月20日，中国人民银行机关团委组织入行一年的青年干部赴铜川市开展“重温红色记忆·筑梦青春央行”学习实践活动，其中一项重要的实践活动即在陕西省铜川市印台区和宜君县等人民银行定点扶贫村开展的“根在基层——扶贫村里话扶贫”调研实践活动。通过与贫困群众同吃、同住、同劳动，我们更加深入地了解党情、国情、社情、民情，也成为一名扶贫方针政策的“宣传员”，了解扶贫开展情况的“调研员”和解决扶贫实际困难的“办事员”。

9月24日一早，我们就乘车从照金出发，来到各自分配的贫困村。我们三排3班4人被分到印台区阿庄镇小庄村进行调研活动。历经4个多小时的车程，我们顺利到达，并进入工作状态，经过与村主任、村书记简单地了解情况，我们迅速安排了一下在小庄村这一天半时间的工作安排。我们此行有几项任务：一是与村两委班子、贫困户代表、种植大户代表进行座谈；二是进行入户扶贫调研，并开展金融知识宣传；三是帮助农民进行一次田间劳动。由于时间有限，而此时正值秋收季节，农民们多在地里干活不在家，因此我们决定下午去地里帮村民进行田间劳动。小庄村的主要作物是玉米、苹果，我们来到一户贫困户的果园帮他一起收苹果。摘苹果看似简单，但我们却十分小心，因为每一个苹果都关系到贫困户的收入。从地里回来后，我们马上为晚上的座谈会做准备工作，经过讨论列出了提纲，以及重点想了解的问题。出席座谈会的有：阿庄镇党委组织员、阿庄镇镇长助理、小庄村第一书记、小庄村村支部书记、小庄村村主任，以及扶贫小组组长、贫困户代表和种植大户代表。首先，阿庄镇党委组织员、小庄村第一书记、小庄村村主任分别为我们介绍了阿庄镇和小庄村的扶贫情况，我们也表明来意，将人民银行最新的政策传达给在座的各位干部和村民代表。接下来我们与他们进行了深入的沟通讨论，对当地的扶贫措施以及存在的问题进行了深入调研。小庄村共386户1572人，其中贫困户70户211人，贫困发生率为13.4%。致贫人口按原因可划分为：因残致贫41户119人，因病致贫20户61人，因学致贫4户18人，缺劳力致贫3户9人，其他原因2户4人。政府对贫困户进行的脱贫措施主要为移民搬迁29户81人，产业发展47户68人，发展教育20户25人，健康保健29户35人。通过座谈，我们发现，移民搬迁这一涉及人数最多的脱贫措施并不能真正帮助所有村民脱贫，它只是将需要房子的村民迁入铜川市内居住，但有的贫困户离开田地无法生存，搬迁后政府并没有帮助就业方面的政策，政策脱离实际，部分村民不愿搬迁。但很多村民都急需资金修缮房屋，而贫困户申请贷款又相对困难。关于贷款这一我们想重点了解的问题，得到的反馈也令人深思。在小庄村，很多贫困户无法获得贷款，办贷款手续复杂，门槛高，还款周期短，使贫困户在贷款这件事上投入了大量时间和精力、往返信用社的路费等，却依然没办法顺利贷到款。很多人提到了“人情”问题，在信用社认识人、关系好，贷款就容易通过，否则就会面临各种手续门槛。此外，政府为脱贫致富提供的技术培训，虽然对苹果种植有了较大成效，但对于文化程度低的人家，通过上课这种形式无法真正学会种植技术。还有家政培训，对以种植为生的村民来说更是没有培训到重点上，这种走过场的培训，远远没有发挥它的全部价值。还有医疗保险、农产品保险等问题，虽然结束座谈时已快晚上十点，但这两个小时的座谈是值得的，它使我们看到了政策与实际之间的不对应，也使我们体会到脱贫的困难性。

第二天，我们在村书记的陪同下开展了入户调研，我们走访了贫困户代表和养殖业大户。几家贫困户的情况各不相同，却都有着贷款难的问题，连村里条件比较好、还款能力比较强的养殖大户都经历了贷款失败，“人情”贷款现象非常严重，反映出放贷标准不严格不规范、不公平不公正。调研过程中，村民们都非常热情和配合，他们家庭的困难使我们心痛不已。此次调研使我们明白，想要制定有效的脱贫措施，需要全面深入的调研，才能将政策和实际联系起来。

云梦乡县口村调查走访记

○ 金融信息中心　张迎亚

2016年9月，跟随着人民银行机关团委“重温红色记忆·筑梦青春央行”活动的脚步，我们来到了陕西省铜川市，在这美丽的秋色中，开展了为期一周的学习实践活动。

9月16日下午，在照金干部学院，我们听取了人民银行四位挂职干部介绍当地扶贫工作情况，学习了扶贫相关理论知识。

9月17日一早，我们分成12个小组前往12个村庄进行实地调研。我与芦尊、张亚慧、杨磊和谢乔一组，经过将近两个小时崎岖的山路颠簸，来到了铜川市宜君县云梦乡县口村。

穿过玉米地，我们来到了县口村的村口，迎接我们的是村支部书记韩耀文。韩书记四十出头的年纪，却已经担任村“一把手”六年之久，带领全村通水通路，深得人心。到达韩书记家落座之后，我们直奔主题，谈起了县口村的基本情况。县口村位于云梦乡政府西南8公里处，全村占地面积15平方公里，下辖5个村民小组（县口组、上塬组、下塬组、深沟组、安乐组），9个自然村。全村共243户，844人，耕地面积3650亩，基本农田910亩，林地1200亩。全村共有五保户3人，残疾人14人，低保户28户共53人，贫困户55户共152人。

在大致了解了村里各方面的情况之后，我们简单地吃过午饭，便启程赶往村委会。在村委会办公室，我们浏览了县口村的党建、村镇图书馆、贫困户档案、帮扶政策等较为全面的资料，与乡镇武装部的第一书记张勇以、村支书韩文耀、村主任、组长及7位贫困户代表进行了深入的座谈。我们从房屋、老人、教育、医疗卫生、负债及贷款情况等方面详细了解了南华平、贾根牢、贾小狗、刘久、王社教、王石土、杨农庄的家庭详细情况。

而后，我们参观了村里为3位五保户新修建的保障性住房，毗邻村委会，方便村干部照应，每人37平方米，含卫生间和厨房的新房子让我对这3位五保户的未来充满了希望。我们还参观了“借鸡下蛋”示范户。随后，又在村中随机走访了5户老乡，进行问卷调查，入户倾听老乡对精准扶贫政策及普惠金融政策的理解。经历了两天的调查走访，我将所见所闻总结如下：

1.经济及基建情况。全村人均年收入5000元左右。村里基本实现道路硬化工程。自来水方面，目前只有1个村民小组通了自来水，另外2个村民小组正在施工。未通水的村民家中仍旧使用雨水收集过滤后作为饮用及生活用水。

2.产业基本情况。全村产业结构单一，大多数村民收入主要来源于农业种植，由于受教育程度低、缺少专业技术，外出打工的情况并不常见，村民更愿意在村子周围打打零工，收入并不理想。

3.种植业及养殖业概况。县口村耕地面积不算缺乏，但塬上地形导致无水源，无法灌溉耕地，只能靠天吃饭。种植作物类型单一，主要以玉米为主，少量蔬菜、核桃（供自己吃）。由于气候、地形等自然条件的限制，大量耕地每年只种一茬玉米，其他时间土地荒废闲置。村民固然希望种植经济效益高的作物，但不愿承担由于缺乏种植技术、遭遇灾情、挂果周期长、缺少劳动力、管理复杂等可能带来的相关风险，所以拒绝种植玉米以外的其他作物。养殖业方面，缺水导致养殖规模小，有些村民家饲养的猪、鸡也主要是供自家食用。

4.医疗卫生方面。全村设有1个医疗站，站内1位医生在职，药品种类不全，医疗资源严重匮乏。虽然新农村合作医疗制度已经推广，但村民普遍反映看病程序复杂，报销手续麻烦，村医疗站及乡镇卫生院缺乏相关药物，只能去药店购买导致无法报销等问题。

5.教育基本情况。全村老年人普遍受教育程度低，以文盲、小学文化为主。中年人以初中学历为主。全村设有1所小学，10位教师，40名小学生。虽然义务教育学杂费已免除，但高等教育学费、生活费、书本资料费农村家庭仍然难以承受。调查走访中很多村民表示，借钱也要供孩子上学念书，因教育造成家庭负债情况屡见不鲜。

扶贫开发贵在精准，重在精准，制胜之道也在于精准。理解“精准扶贫”的要义，就是“对症下药，药到病除”。针对县口村的实际情况，我认为可以从以下几方面入手：

第一，扶持生产。通过“借鸡下蛋”、密植高产玉米和引进花椒种植扶持贫困户发展产业，优化产业结构，促进产业发展。拓展产业项目，发展集体经济，引进优良企业，促进村民就业。

第二，深化农村金融改革。从金融角度提升社会福利、增强社会保障、扶持和保护弱势群体，向普通大众提供更好、更便捷、更安全的金融服务。在实地调查走访中我们发现，村民取款要到二三十里地外市里的陕西信合网点，很不方便。目前，县口村正在筹建普惠金融综合服务站，存取款、转账汇款、缴费等金融服务都将可以在村委会办理。另外，调查中我们发现，现在农民贷款额度最高为5万元，对于想发展生产的农民是不够的，而且贷款需要一名公务员作为担保人，往往也挡住了很多村民贷款的路。希望能有更好的政策扶持农民，提高农民贷款额度，减少繁杂的办理手续，为他们提供更优质的金融服务。此外，引入农业保险产品，也可以一定程度上消解农民对于灾害的顾虑。

第三，加大农村教育投入。除了九年义务教育减免学杂费以外，对贫困户的孩子，提供适当的生活补贴，实施学生餐计划，使贫困学生可以通过自身努力脱贫致富。同时，针对村中闲散的劳动力，进行技能培训，包括种植养殖技术及其他就业能力方面，使他们利用农闲时间可以实现再就业，提高收入水平。

第四，创新农村医疗体制。丰富乡镇村卫生院药品种类，建立药品预约登记制度，方便村民就医及购买药品。简化报销手续，提高村民使用新农合的参与热情。引入市内、省内医院定期下乡义诊，为村民普及医疗卫生知识，提早发现和预防疾病。

习近平总书记多次强调，全面建成小康社会，最艰巨的任务在于脱贫攻坚，最突出的短板也在于脱贫攻坚。当前，党中央、国务院对于脱贫攻坚工作的重视程度前所未有、投入力度前所未有、责任硬度前所未有。在实际工作中，要变输血为造血，切实为广大贫困户优化产业，提高生产力，健全产业结构，对症下药，精准管理，齐心协力打赢这场脱贫攻坚战。

扶贫攻坚，路漫漫其修远兮

○ 金融信息中心　李怡

2015年7月，我离开大学校园，来到人民银行金融信息中心，成为一名国家事业单位工作人员。工作一年之际，在人民银行机关团委的组织下，人民银行各司局及直属企事业单位部分青年干部来到陕西省铜川市照金革命小镇，参加了“重温红色记忆·筑梦青春央行”青年干部主题学习实践活动。在这次实践活动中，最有意义的当属为期两天的“根在基层——贫困村里话扶贫”调研实践活动了。

习近平总书记多次强调，全面建成小康社会，最艰巨的任务在于脱贫攻坚，最突出的短板也在于脱贫攻坚。当前，党中央、国务院对于脱贫攻坚工作的重视程度前所未有、投入力度前所未有、责任硬度前所未有。全党全社会的力量都应聚焦脱贫攻坚，齐心协力打赢这场脱贫攻坚战。可见，脱贫攻坚是当下中国最炙热、最有力的文字，是当今中国在贫困战中吹响的集结号，是党和国家谋民福祉、以民之所望为施政所向的“时代最强音”。

2002年以来，人民银行定点帮扶陕西省铜川市宜君县、印台区两个国家级贫困县。此外，人民银行还牵头联系银监会等23家金融单位参与64个国家级贫困县的定点扶贫工作。扶贫攻坚是民心工程，为了加深对扶贫工作的了解，增进与贫困群众的感情，深入倾听民心民意，深刻体察民情民风，顺利开展调研实践活动，我们进驻宜君县、印台区的12个定点扶贫示范村，与当地村民同吃同住，走到田间地头参加劳动，听群众的心声、解群众的疑惑，亲身体验、深刻感受扶贫攻坚这项任务的艰巨和伟大，发现其中存在的问题和发展进步的空间。

我所在的调研组进驻印台区阿庄镇小庄村。初入小庄村，我就感受到了群众的质朴和热情，即使农村条件差，村民们依然尽力为我们提供较为舒适的居住环境。小庄村以苹果和玉米种植为主要产业，恰逢秋收季节，于是我们入驻第一天的下午便参与了当地村民摘苹果的工作。果园里一个个苹果红润可人，令人垂涎。采摘初，我们多少抱有一些娱乐的心态，然而采摘完一棵树后，我们深深地感受到了农民工作的辛苦与生活的不易。看着偌大的果园，我少了一分兴奋，多了一分对农民兄弟辛苦工作的敬佩。由于时间原因，我们没能帮助村民完成更多农活，而是抓紧时间于当日晚上召集村干部和部分贫困村民开展“我为扶贫献一策”主题座谈会。参加会议的主要有小庄村第一书记、村主任、书记，阿庄镇组织员及镇长助理。会议中，我们了解到小庄村的贫困户比例达12.6%，共计70户，贫困原因主要有疾病、残疾、缺乏劳动力及人口老龄化。村民以苹果玉米种植、养殖、苗木为主要产业，但由于部分基础设施管理不善、缺乏技术、自然条件差等原因，种植业发展得并不好。而养殖、苗木所需前期投资过高，村民缺乏资金，从农信社贷款困难，也难以得到良好的发展。座谈会顺利进行，我们也从中了解到小庄村的基本情况。第二天，我们走访了11家农户，希望从最基层了解到村民遇到的困难和生活的需求。在走访过程中，我们发现当地村民存在的主要困难是住房问题、家中有病残人员以及普遍文化程度低，对发展没有很好的想法。前两个问题群众希望通过贷款解决，但由于偿还能力不足以及担保门槛过高，实际获得贷款的家庭有限，第三个问题由于村中没有政府扶持项目或技能培训，也无法很好地解决。综上，阿庄镇小庄村的问题需要村民和政府共同努力，村民需努力提高自身思想境界和技术水平，放宽眼界，发展生产，政府应给予物资支持，努力推进生产发展。

通过这次活动，我深刻地明白了扶贫任务的重要性、艰巨性和紧迫性，也更加清醒地认识到可做的事情、应做的事情还很多很多，如何巩固脱贫成果、如何实现持续稳定增收等问题，都是摆在我们面前的新挑战。只有不断加强学习，加强实践与总结，时刻坚持群众路线，才能不断提高自身工作能力，不断适应扶贫任务的新需求，为这项伟大事业贡献出自己的一份力量！

铜川扶贫记

○ 金融信息中心 刘伟

2016年9月24日，作为此次铜川“重温红色记忆·筑梦青春央行”主题活动的最后一项内容，我们一班四个人来到陕西省铜川市印台区阿庄镇小庄村进行扶贫考察活动，经过四个多小时的颠簸，绕过了曲折起伏的山路，我们于中午12点左右到达了目的地，被当地书记安排住在了当地一户农家院里。初到此地，自小在农村长大的我并没有觉得特别陌生以及不适，相反有一种熟悉感，这里百姓的生活方式跟家里差不多，靠着土地靠着天来获得经济来源，不同的应该就是这里的民风、民俗和建筑风格了。

小庄村是我们此次考察挑选的12个贫困村中的一个，这个村子地处深山，周围群山环绕，想要到达这里，需要经过窄小的“山路十八弯”，村子距离安庄镇镇中心开车十几分钟的路程，距离还算比较近，因此，当我们向村民询问他们日常存取款业务办理是否方便时，村民们普遍反映还算方便，而且是直接到信用社办理业务，大额业务也可以办理，这也算是一个好消息。24日下午，按照计划我们打算跟村里的领导班子以及村里的村民代表举行一个座谈会，就村里的基本情况跟大家先简单沟通一下，但是考虑到正值秋收时节，村民现在大都在地里忙着摘苹果、掰玉米这类的农活，下午家里基本都没人，所以我们将座谈会安排到了晚上。当天下午我们就跟着村书记到了田间地头，看了一下当地人都种了哪些东西。一路走过去发现，小庄村主要以种植苹果和玉米为生，还有一部分人种植了黄豆，少有的几块田里种了核桃树种苗作物。随后我们还一起体验了摘苹果。虽然是在农村长大，但因为长期在外求学，我对于下地干活也并不是特别在行，更别说是摘苹果了。书记带领我们来到当地一个贫困户的果园里，跟村民简单地说明了一下情况并请老乡跟我们讲了一下操作方法后，我们就开始干活。摘苹果对于我们四个人都是一件新鲜事儿，我们借来老乡的剪刀，选了一棵满树都是红果的树开始操作起来。操作本身不难，要求就是轻拿轻放，不能破坏苹果的品相，要不然会影响苹果的售卖价格，没一会儿我们就已经摘了一筐了。在摘完满满三大筐苹果后，原来硕果累累的苹果树已经被我们“摘秃”了。在告别老乡后，我们回到老乡家准备晚上会议的材料，对于我们想要了解的信息列出了基本的大纲，并准备了简单的签到表，以了解出席当天会议人员的分布情况。

晚上8点，我们在小庄村村委会举行了领导班子以及村民代表座谈会，出席此次会议的人有阿庄镇党委组织员、阿庄镇镇长助理、小庄村领导班子、小庄村贫困户代表、小庄村养殖大户代表等。会上由小庄村村主任对小庄村扶贫情况进行了简单介绍，由小庄村第一书记对小庄村扶贫工作中目前存在的最大问题进行了详细介绍。经过小庄村领导的介绍，我们了解到小庄村目前总计有贫困户70户，贫困人口211人，占总人口数的12.6%，这意味着在100个人中约13个人年人均收入低于2850元，平均月收入220元，这其中还包含了医疗费、子女教育费用等。在这物价飞涨的时代，村民的生活质量和水平可见一斑。后来，我们询问了村民目前村里执行的扶贫政策有哪些以及对哪些扶贫政策有意见。据村民反馈，当前小庄村为响应国家扶贫攻坚计划，为贫困户建档立卡，建立一对一帮扶，由镇上扶贫官员与贫困户建立连心卡，立下脱贫责任状。同时，也为村里的贫困户发放了临时补助金。在谈到对现有的扶贫政策有哪些意见时，我们了解到，目前村民脱贫致富存在的最大问题是贷款难、资金难到位。按照国家扶贫攻坚政策，符合条件的贫困户可以申请3年内5万元以下的无息贷款。但村民反映，虽然村里已经将该政策推广到村民，但村民在向当地唯一的金融机构信用社申请贷款时，却总得到审核不过关无法贷款的结果。有部分顺利拿到贷款的贫困户也是通过关系得到，没有关系的贫困户即便有迫切需要这笔钱的理由也无法拿到贷款。同时，养殖大户或者种植大户因为想要购买更多牲畜或者购买大型农具而申请贷款时，10万元贷款需要找4对夫妻8位有一定经济能力的担保人，即便是在担保人齐全的情况下，也有可能面临信用社审批流程某个领导出差或者某一环断层的问题，最终造成无法贷款成功，错过了扩大生产的时机。总结起来就是，当前村民面临着贷款门槛高、手续多、审批流程长、关系贷款等一系列亟须解决的问题。

来到小庄村的第二天，我们在书记的带领下走访了几家这个村里比较有代表性的村民家，他们绝大部分都面临各种各样的生活困境，但多数都是因残因病导致家里缺少劳动力，收入减少，支出增加，最终捉襟见肘，贫苦至极。其中一户贫困户正在上高中的孙女因为家里没有钱而刚刚辍学在家，奶奶讲到这里的时候眼里都是泪水，看到这里，我们内心有很深的同情和无法改变他们的生活的愧疚。

在小庄村，我们看到了太多只能在电视上看到的贫苦场面。作为人民银行此次深入一线扶贫的考察团队，我们希望能把当地的情况尽可能多地以调研报告的形式反馈给总行，在座谈会以及现场调研完成后，我们尽快将手中掌握的资料进行了整理，总结了当前小庄村扶贫工作已取得的成就以及存在的难点，根据村里第一书记给我们讲解的他的一些扶贫想法以及措施，结合我们自身的一些想法，形成一篇实事求是的调研报告。此次深入基层扶贫，虽然我们没能给村民带来物质上的帮助，但我希望通过我们的调研报告，将村民当前最急切的期望直接反映到总行，也算是我们为当地百姓做的一点有用的事，发挥此次基层扶贫调研的作用。

我在县口村的所见所感

○ 金融信息中心　杨磊

在习近平主席提出2020年全面消除贫困后，各地积极出台政策，实施精准扶贫。2016年9月24日至25日，我们小组一行五人来到铜川市宜君县云梦乡县口村，实地进行基层调研，了解目前扶贫工作开展情况，倾听村民的想法和建议。

云梦乡县口村位于云梦乡政府西南部8公里处，全村占地面积15平方公里，下辖5个村民小组（县口、上塬、下塬、深沟、安乐），9个自然村。全村共有243户944人，耕地面积3500余亩，农业以玉米为主导，亩产1000斤左右。村民人均年收入3200元左右。全村共有五保户3人，残疾人14人，低保户28户53人，贫困户55户152人。

村里成立了以乡政府领导为组长，村书记、村主任为副组长的精准脱贫领导小组，全面负责脱贫攻坚工作。针对五保户，村里正在村委会旁修建给五保户居住的保障住房，面积37平方米，还带有卫生间和淋浴设施。房中的家具由村里提供，不需要五保户出钱。保障住房建成后，所有五保户将迁入新房，同时也方便村委会对五保户进行照顾。针对每一个贫困户，村里都设立了贫困户档案，采集贫困户基本信息，分析贫困户致贫原因，并将每一个贫困户与市里、村上结成帮扶对子，按照各自的情况提出帮扶措施。村里根据目前环境、产业情况，提出了三个产业脱贫的方向：第一个是“借鸡下蛋”，由村里与养鸡合作社签订协议，合作社无偿给贫困户提供母鸡，母鸡下的蛋由合作社按照一定价格回收；第二个是种植密植高产玉米，此种类型玉米种植密度大、产量高；第三个是种植花椒树，花椒树具有耐旱、成树时间短、每亩经济效益高等特点，适合在台塬地区种植。各村民小组正征求贫困户意向，最晚将于明年实施产业脱贫。

通过举办与贫困户的座谈会和进行入户扶贫调研，我们发现村民主要反映了以下四个方面的问题：

1.种植方面。村民们都希望种植经济效益高的作物。但是由于村里缺水，农作物全是靠天吃饭，经济效益高的作物抗旱能力较差，不容易成活。同时，村民缺少种植技术、缺少管理能力，有时想种却不会种。另外，农业保险未能有效减少村民因灾受到的损失，村民种植新作物时顾虑较多。村民通过贷款购买农机具较难，贷款额度少，贷款利率高，村民承受不起。

2.住房方面。村上主要依托两个项目新建住房，一个是移民搬迁，另外一个是危房改造。移民搬迁后，消费水平变高，距离自家田地变远，很多村民不愿意搬迁。危房改造补偿的资金太少，完全不能解决村民建房时遇到的资金困难。现在建房基本花费10万元左右，而国家补偿2万～3万元，剩下的钱都需要村民自己负担。同时，获取资金补偿方式太烦琐，村民垫钱建完新房后，国家补偿款才能下发，也就是先花钱，再领钱。

3.教育方面。教育费用给一个家庭造成很大负担。由于村里只有小学，初中之后，都需要在县里、市里上学，住宿费、伙食费居高不下。另外，教育水平较差，导致很多孩子考不上好大学，或者高中毕业就去工作，自身缺乏技术，也找不到较好的工作。

4.医疗方面。就医难、看病贵的问题依然没有解决。住院和大病报销比例高，门诊和小病报销比例低，越是基层报销比例越高，越是高级别医院报销比例越低。基层医院诊疗水平低，药品种类少，无法满足村民就医需要。慢性病、老年病药品大多需要自费购买，患者家庭的负担沉重。

为了帮助贫困户早日脱贫，针对村民反映的问题，我觉得可以从以下三个方面考虑：

1.深化农村金融服务改革。要以农村的实际情况为基础开展农业金融服务。进一步扩展农民贷款抵押范围，降低贷款利率，提高贷款额度。完善农村信用体系，转变授信对象，可以将对农户的授信变成对整个村的授信。村里获得贷款后再根据需要分配给村民。扩大农业保险覆盖面，使农民发展生产没有后顾之忧。根据农业生产周期开发相应的理财产品，吸纳农民收获后、播种前的空闲资金。

2.加大农村教育投入。对于贫困户的孩子，在免学费的基础上，提供适当的生活补贴。政府加大对学校的投入，提高村、乡一级学校的师资水平，实施学生餐计划，使贫困学生通过自身教育水平的提高实现脱贫。同时，针对外出打工的村民，强化技能培训。与当地职业教育中心联合起来，根据企业的用工需求，培训实用的技术人才。利用农闲时间向村民教授种植、养殖方面的技术，提高村民的技术能力。

3.创新农村医疗体制。将预防性体检纳入新农合的保障范畴，提早发现疾病，及时治疗，避免不必要的医疗支出。建立药品预约登记制度，基层医院将村民对药品的需求收集起来，统一购买，一方面方便村民就医，另一方面减少村民购买药品费用。引入商业医疗保险，进一步提高大病报销比例，减轻村民大病负担。提高基层医院医疗水平，通过培训、借调、与大医院合作等方式，提高基层医护人员的综合素质。

扶贫开发是一项长期的工作，也是一项艰巨的任务。在扶贫工作中，要变“输血”为“造血”，通过各种手段解决农民的后顾之忧，提高农民生产的积极性，帮助农民走出一条自主脱贫的道路，并在富裕的道路上越走越远。

县口村扶贫记

○ 金融信息中心　张亚慧

当前，党中央、国务院对于脱贫攻坚工作给予了前所未有的重视，定点扶贫是扶贫工作的重要组成部分。2002年以来，人民银行总行定点帮扶陕西省铜川市宜君县、印台区两个国家级贫困县。为了加深对扶贫工作的了解，我们一行五人来到宜君县云梦乡县口村，开展为期两天的“根在基层——贫困村里话扶贫”调研实践活动，在村子里和贫困群众同吃、同住、同劳动，增进了与贫困群众的感情，深刻了解了党情、国情、社情、民情。

在“精准扶贫、精准脱贫”基本方略的指导下，我们小组采取召开座谈会、入户调研、参观扶贫产业基地、田间劳动等方式，就县口村的扶贫问题进行现状剖析，探索如何实施精准扶贫。

精准扶贫是指针对贫困区域环境、不同贫困农户状况，运用科学有效的程序对扶贫对象实施精确识别、精确帮扶、精确管理的治贫方式。精准识别，是精准扶贫的前提，即通过有效、合规的程序，把谁是贫困居民识别出来，不遗漏一户困难群众；精准帮扶，即贫困居民识别出来以后，针对扶贫对象的贫困情况定责任人和帮扶措施，确保帮扶效果；精准管理，即通过扶贫信息系统的动态管理、数据分析，制定切实可行的帮扶措施，建立扶贫项目库、扶贫专家库，通过实时监控和对讲技术，让贫困户与专家视频通话，随时接受专家指导，使帮扶措施和帮扶项目真正有效地执行下去，达到预期的目标和结果。

县口村位于云梦乡政府西南8公里处，全村占地面积15平方公里，下设5个村民小组，9个自然村，全村共有242户822人，其中劳动力490人。村两委班子健全，全村共有党员32人，其中预备党员1名，女党员3名。残疾人14人，低保户28户53人，贫困户55户152人。全村耕地面积3600亩，全村经济收入以种植业为主：其中苹果350亩，核桃560亩，玉米3000亩，小麦600亩。牛存栏45头，羊存栏120只。基础设施建设方面，村委会位于上塬组，共有活动室4间，90平方米。卫生间2间，40平方米。目前村里存在的问题主要有：

1.基础设施建设落后。一是吃水难，目前村里5个组只有一个组完成了地下水的通水，大部分还是以饮用窖水为主，饮用水得不到有效保障。二是出门难，虽然村子于2014年完成了公路的修建，但由于村子地处黄土高坡，公共交通无法保障，村民主要靠自己开三轮车出行，十分不便。三是生活不便，全村目前仅有一个医疗站，只有一名医生，由于医生年龄较大，出诊不方便，再加上卫生站卫生设施及设备配置不全，看病就医很不方便。村子里没有银行网点，最近的银行网点在云梦乡政府，而且只有陕西信合一家，村民如果要完成存取款、转账等业务，只能去乡政府或铜川市。村子里没有超市，村民的生活用品大多是从流动货车上购入。

2.产业结构单一。全村种植作物以玉米为主，由于玉米价格一直维持在0.7～0.9元／斤的收购水平，相对其他经济作物收益较低，也就造成了村民人均收入不高的现状；集体产业缺失，村子以自给自足的形式为主，主要以家庭承包土地的方式完成农作物的种植和收割，缺少集体产业，导致增收困难。

在和村书记、村支书和贫困户代表的座谈会中我们了解到，为能使村里的贫困户精准脱贫，县口村拟采取以下扶贫措施：

1.“借鸡下蛋”。由宇谷养殖专业合作社向贫困户免费提供幼鸡苗，贫困户在家里进行散养，由宇谷养殖专业合作社以高于市场价的价格完成鸡蛋的收购，这样既给贫困户提供了增收产业，又能免去贫困户发展产业的后顾之忧。

2.密植玉米。通过引进密植玉米技术，大约可增产200斤／亩。该项技术由云风玉米专业合作社提供玉米种子和化肥，可以说将学习成本降到了最低。据村书记韩书记介绍，该项技术已经广泛应用于县口村的玉米种植中。

3.种植花椒。通过引进经济作物花椒，实现贫困户的家庭增收。

在入户调研的阶段，我们小组完成了对5户村民的调研，其中包括贫困户3户、正常户2户。在和村民面对面的交流中，我们发现导致村民贫困的主要原因有疾病和教育，他们有的因孩子上学负债累累，有的因疾病缠身痛苦不堪，有的因劳动力缺失家徒四壁。这让久居城市的我们深感震撼，也让身居公职的我们深表惭愧。值得欣慰的是，中央的精准扶贫政策在县口村已经转化为了实实在在的措施，希望接下来这些措施能落实到每一户贫困户，真正帮农民实现精准脱贫，助农民走上勤劳致富之路。

县口村金融精准扶贫调研记

○ 金融信息中心　芦尊

在照金红色小镇度过充实而又惬意的三天后，我们一行五人来到陕西省铜川市宜君县云梦乡县口村调研金融精准扶贫的开展情况。

回顾我国金融扶贫政策的发展，我国金融扶贫走过了一条从无到有、从粗到细的非凡道路。目前，金融扶贫政策的实施已经取得了显著的成绩，同时也应看到，在新的扶贫标准颁布后，进一步开展扶贫攻坚不仅难度更大，而且在不同的贫困地区也面临不同的困难。

铜川是人民银行“全国扶贫开发金融服务工作联系点”和“全国金惠工程重点推广区”，地处陕西省中部。该市总人口86万人，其中非农业人口45万人，城镇人口占全市总人口的53%，面积3882平方公里。铜川市下辖三区一县——王益区、印台区、耀州区和宜君县，其中耀州区、印台区和宜君县都是国家扶贫开发重点支持县。

铜川交通便利，自然资源丰富，有利于农、林、牧业综合发展。现拥有林地面积44.45万亩。其中宜君县云梦乡县口村位于云梦乡政府西南8公里处，全村占地面积15平方公里，下辖5个村民小组，9个自然村。全村共有242户822人，其中劳动力490人。村两委班子健全，全村共有党员31人，其中预备党员1名，女党员3名。全村共有五保户3户3人，残疾人14人，低保户28户53人，贫困户55户152人。全村耕地面积3600亩，全村经济收入以种植业为主：其中苹果350亩，核桃560亩，玉米3000亩，小麦600亩。牛存栏45头，羊存栏120只。基础设施建设方面，村委会位于上塬组，共有活动室4间，90平方米，卫生室2间，40平方米。铜川市共有11家银行机构，3家证券业服务机构，22家保险业分支机构，3家小额贷款公司，4家融资担保公司，2家典当行，共有金融机构网点170个，金融从业人员5377人。

宜君县县口村包括五个村民小组，该村人口除外出打工外，主要依托种植业。我们通过对县口村当地群众的实地走访，对他们的生活情况有了基本了解。

第一，群众受教育程度偏低。县口村受访群众中，最高学历为大专，大多为初中及以下文化，部分受访群众为文盲。这样的教育程度无疑在某种程度上导致了县口村的贫困，因为群众缺乏必要的商业眼光，也缺乏必需的技能来摆脱贫困。

第二，人口老龄化严重，劳动能力低下。在调研中发现，少数农户通过苹果、花椒等种植业实现脱贫，部分青壮年劳动力外出务工。留守老人以从事玉米种植为主，由于玉米单位收益较低，而且靠天吃饭、一年一种，致使很多贫困户难以脱贫。此外，缺乏农业自动化机械设备，劳动能力和收益极为低下，贫困和养老交织成为新的问题。

第三，驻村金融机构数量少。当地没有金融机构的网点，村民也没有得到来自专门金融机构工作人员的专业指导，不能满足当地群众的日常生活需求，支付方式以现金为主，距县口村最近的银行机构——陕西信合位于数公里外的乡政府。受访群众普遍表达了希望在本地增设银行网点或自助设备的诉求。

第四，农民贷款难度大，缺乏贷款意愿。银行为规避信贷风险，往往设置较高门槛，要求农民提供抵押物或担保人等作为保障。而农民普遍缺乏合法有效的抵押物，较难满足贷款条件。另外，传统思想导致当地群众普遍不愿意借外债，群众本身也不了解通过哪些项目可以致富，缺乏借贷意愿。

针对县口村的情况，我们认为，首先要确认金融扶贫政策的适用对象。其次要针对不同对象采取不同的扶贫措施，即对症下药，如通过“六个一批”等政策有效地保证精准扶贫的施行。县口村针对自身产业结构单一也采取了引种苹果、玉米密植、“借鸡下蛋”等举措来丰富产业结构。最后要加大对龙头企业和已有产业农户的扶持力度。推动优质的扶贫项目，促进就业，以实现村民的脱贫致富。

小庄村的这些日子

——兼论扶贫攻坚

○ 金融信息中心　孙其新

金秋九月，人民银行组织青年干部实践活动，我作为三排三班的班长来到了铜川市印台区阿庄镇小庄村进行精准扶贫的调研。

初入小庄村，我就被小庄村的村容村貌所吸引，小庄村在村书记和村长的带领下，完成了自来水网的改造、街道路面硬化、村幸福院的建设等；村民为了致富建立了千亩苹果园、花椒园，一派欣欣向荣的景象。然而，繁荣的表象下面是深深的贫穷的烙印，即使做了那么多，小庄村依旧是国家贫困村。小庄村人口约为1600人，人均耕地面积0.5亩，生活在贫困线以下的人口为254人，约占总人口的15.8%，贫困形势非常严峻，小庄村的脱贫压力之大出乎意料又在情理之中。

在了解了小庄村的总体概况后，我们在村书记的带领下来到了一位贫困户家的果园，在农户的指导下，我们开始帮助农户采摘苹果。满树红彤彤的苹果，很是喜人，我们也感受到了贫困户满心的欢喜，大家都在洋溢的笑声中采摘着苹果，摘下来的苹果个大饱满，色泽红艳。真是丰收的一年，看到贫困户们满心的欢喜，我也感受到了阵阵欣慰，皇天不负有心人。

采摘完苹果后，我们来到了书记给我们安排居住的农户家中，老乡给我们做了一顿晚餐，虽只有几个青菜，粗茶淡饭，但我们仍旧狼吞虎咽。老乡们辛苦劳作之后，吃的却如此清淡，也让我们这些在城市里待习惯的人颇为感慨，“遍身罗绮者，不是养蚕人”，农民之艰难困苦，让人为之潸然。

晚饭之后，我们来到了村委会参加扶贫攻坚座谈会，与会人员有阿庄镇镇长助理、村书记、村长以及贫困户代表。镇长助理、村书记、村长发言后，我们对国家扶贫政策以及人民银行在铜川市扶贫攻坚中的一系列举措作了简单介绍，随后，我们就贫困户反映的问题进行了深入的讨论。正是在这一次会议上，我们意识到小庄村的贫困户面临的贷款难、住房难问题，也第一次感受到扶贫政策的一些弊端。

结束了一天的行程，我疲惫地躺在床上，久久不能平复沉重的心情，想起明天就要入户调研，更加不能入睡，干脆身研究明日的入户调研问题。

第二日，村书记带领我们挨家挨户进行调研，第一家贫困户就给了我极大的震撼。这是一户老奶奶和孙子的家，家徒四壁，破旧不堪，土坯房都塌下了一半。在跟老奶奶的交谈中，我们了解到，她的儿子失踪了，儿媳改嫁了，只留下老奶奶与孙子在绝望的挣扎中活着。看着他们失落的没有活力的眼神，我深刻地意识到了扶贫攻坚的艰巨性与迫切性。随后探访的几家性质相仿，或老或病或残，农村条件之艰苦，农民生活之艰难，样样都是压垮贫困人民的重担。

在探访中，我们发现了一些共性的问题，深感精准扶贫落地之艰难。其一，针对贫困户家庭房屋破残问题，铜川市虽然有集中安置政策，但政策房大都在铜川市区，农民离开了土地便无法生存，大部分贫困户对搬迁至市区态度消极；其二，政府虽有精准扶贫小额贷款政策，但是贫困户在申请贷款时大都遇到了贷款难问题，这与商业银行信贷风险考量有关，虽有政府引导，但商业银行为了自身风控考量大多选择拒绝贫困户的贷款申请；其三，特别困难的贫困户大都是病残者、无劳动力者，各项金融扶贫政策难以在这些贫困户中产生效果。

针对探访中的问题，我们建议：其一，针对安置房政策，当地政府虽有城镇化与去库存的压力，但能否针对贫困户实行更大程度的政策倾斜，针对那些有意愿留在乡村的人，政府出资金帮其盖房，让农民始终保有土地，留住他们的根基；其二，针对精准扶贫小额贷款难，政府应建立专项基金，或实行债转股形式，稀释此类信贷风险，解除商业银行的后顾之忧；其三，针对病残、无劳动力者，实行政府兜底，保障其基本生活。

两天的行程马上要结束了，这段经历给了我深深的震撼，感谢机关团委组织这样的活动，感谢郭书记，感谢铜川市中支的各位，你们辛苦了。精准扶贫，知易行难，愿祖国越来越强大，人民越来越幸福，愿人间不再有悲剧。

不折不扣，落到实处

○ 中国金币总公司　詹厚康

人民银行自2002年以来，按照国务院的部署，在陕西省铜川市宜君县和印台区开展定点扶贫帮扶工作，这几年来取得了一定的成果。9月24日，根据“根在基层——贫困村里话扶贫”调研活动的安排，我与三名组员进入印台区红土镇孙家砭村进行调研。来到村里之前，扶贫的概念在我的脑中还不够具体，而随着车子驶入村庄，感受到村里的生活，我才渐渐体会到扶贫工作的必要性和扶贫应着力何处。

印台区红土镇孙家砭村，全村村民454户，共1615人，耕地面积2600余亩，从人口和耕地面积来看，孙家砭村属于印台区较大的村落。人口基数大，贫困情况也较为显著，全村88户贫困家庭，共294人。近两年来，依托国家扶贫政策，通过产业扶持、移民搬迁、医疗救助等手段使一部分贫困户实现脱贫，村容村貌也发生了较大的改观。通过与村干部的座谈，我们了解到，近年来实现棚户区改造126户，扶贫移民搬迁60户；平整土地500亩；实施更换用水主管道400米等工程。这些工程的实施，使一部分贫困户脱贫，也极大地方便了村民的生活。虽然取得了一些成就，但还有88户尚未摆脱贫困，并存在很多难以解决的问题，如贷款、医疗等方面的问题，村干部也非常希望能帮助村民解决，但总是心有余而力不足。在随村干部走访贫困户过程中，村干部提到的这些问题在贫困户身上确实很典型。

下午走访的一户贫困家庭中，大爷今年57岁，一家五口人，老伴腿脚残疾无法自由活动，只能依靠一条板凳在地上拖行。儿子正值壮年，本来外出务工，但遭遇车祸，腿部受伤，花去一大笔医疗费；儿媳刚生下孙子，在家照顾儿子和婆婆。这是一户较为典型的因残疾、劳动力不足导致的贫困户。村干部谈到在88户贫困家庭中，有40户是因为残疾而导致贫困，残疾成为该村致贫的第一大原因，一人残疾会致使家中其他劳动力受到牵连，降低其创造收入的能力，而医药费支出会使原本困难的家庭雪上加霜。

医疗方面，合作医疗基本普及，但村民对合作医疗点的数量及医疗报销比例和范围不够满意。就此户来说，老伴的腿脚残疾长年需要药物维持，儿子车祸花费了近2万元医药费，但这些支出，合作医疗都无法报销。合作医疗仅能报销住院费用，门诊和平时拿药都不可报销，并且报销比例不高。贫困户很可能连自费部分都支付不起，所以很多贫困户干脆选择不去医治。医疗救助是有可能从根本上解决某一家的贫困问题的。并不是期待通过医疗技术能将伤残、疾病治愈，而是希望医疗保障能涵盖绝大部分的医疗费用，包含更全品类的药品，能切实减轻贫困户的医药支出压力，让其他劳动力能够专心为家庭创造收入，而不会因医药费而入不敷出。家庭没有富余的资金，就更无法谈及扩大养殖、发展产业，提高“造血”能力也就成了一句空谈。

资金支持方面，最直接的当然是发放贷款。国家确实也就扶贫贷款作出了相应的政策倾斜。符合条件的贫困户可以获得最高5万元的无息扶贫贷款。政策是好政策，但实施情况并不乐观。当地农信社的贷款条件列明，户主年龄55岁以上，不能贷；残疾人，不能贷；有信用污点，不能贷。本村88个贫困户满足条件的仅剩下20户，而近一年内真正得到贷款的贫困户仅不足10户。政策在落地过程中效果大打折扣。为何会造成这种情况，不禁让人思考，本村仅有一家信用社，村民只能通过它来贷款，也只能被动地接受条件。机构少，未形成有效竞争，贷款渠道少，是原因之一。这些贷款条件对正常家庭来说，是合理的、可以接受的，但对于一个贫困户来说呢？资本总是嫌贫爱富的，但扶贫恰恰相反，商业银行机构有业绩考虑，有考核指标，无论从哪个方面来看，贷给贫困户都是不“合适”的。业绩考核学科中有一句话叫做“考核什么，就得到什么”，金融扶贫是否应结合业绩考核才能实现更好的效果？对涉农贷款，涉农金融机构的考核是否应加以调整？否则好的政策却因为商业的属性而没有达到效果。

其实在走访的贫困村中，每一位支书，每一位村长，每一位支部委员，都在尽自己的努力，想尽一切办法使村民过得更好，帮助每一户贫困家庭脱贫。他们也有想法，懂道理，他们也懂得可持续发展，懂得“输血”不如“造血”，但使他们困惑的是许多政策到村一级层面却无法百分之百地落实。政策实施的无数环节，村一级无法控制，村民也无法参与，只能选择接受。如何不折不扣地保证政策实施，值得政策制定者和上层实施者思考。久居庙堂之高，但仍须知山林气味，政策能落到实处，扶贫才能实现精准。

打好扶贫攻坚战的最后一役

○ 中国金融电子化公司　孙国栋

2016年9月，人民银行机关团委组织入行一年的青年干部参加“重温红色记忆·筑梦青春央行”主题学习实践活动，我有机会参加了此次活动。活动中有一项重要内容就是调研实践——“根在基层——贫困村里话扶贫”，我所在的调研小组选择了陕西省宜君县尧生镇车村作为调研单位。

车村位于宜君县尧生镇政府东1.5公里处，辖4个村民小组，有150多户将近600人，耕地1854亩，其中90%以上的耕地种植苹果。由于当地特有的气候环境以及独特的土壤优势，村里种植的苹果口味独特，品质优良。依据种植苹果作为车村的支柱产业，车村人均年收入达到13000多元。车村目前有贫困户11户，贫困人口18名，其中大多是因残因病致贫。通过深入贫困家庭进行调查以及向村领导了解情况，我发现主要存在以下几方面的问题。

第一，大病和残疾是导致村里贫困家庭生活困难的主要原因。在我们所调查的几户贫困家庭中，其中一户家里有70多岁的老奶奶和她的两个儿子，老奶奶患有哮喘，需要长期治疗，而她的两个儿子，其中一个因病生活不能自理，另一个虽有劳动能力但是智力低于平常人。老奶奶的家庭收入主要是低保和抚恤金，以及种植苹果的微薄收入。老奶奶平常不仅要照顾自己，还得照顾两个未成家的儿子，她最担心的问题就是她走后两个儿子的生活问题。

第二，消极懒惰和丧失信心也是导致村里贫困户贫穷的原因。车村是尧生镇有名的苹果种植基地，人均耕地面积很大，确实存在一些贫困户，家庭有正常的劳动能力，但是由于思想消极，不愿通过辛勤劳动来脱贫致富。另外也有丧失奋斗信心导致贫困的，例如，我们刚来村庄时接待我们的年轻小伙子，据村主任介绍，他的母亲瘫痪在床，父亲也是积劳成疾，小伙子因此丧失了奋斗的勇气，觉得再怎么努力也没有希望。

第三，村民收入来源结构单一，不会进行金融方面的理财。车村村民通过辛勤的劳动，大多数家庭已达到小康水平，但是村民的收入主要用于生活所需消费，余下的储蓄起来以备不时之需，并不会利用金融理财工具来增加收入。

第四，村民经济上较为宽裕，但是文化精神生活较为匮乏。在调研组调查期间，正值村里果树大丰收的季节，从早上在园里采摘苹果，到中午把苹果装运上车，再到晚上运往市场上进行销售，村民们从白天一直忙碌到深夜，几乎没有时间丰富文化和精神生活，村民的文化和精神生活质量需要提高。

当前扶贫攻坚战已进入最后冲刺阶段，以车村为代表的许多村庄早已脱离了贫困，村民们已过上了富裕的小康生活。村里虽然存在一些绝对的贫困人口，但是村庄整体上已达到了小康水平。在扶贫攻坚战接下来的工作中，我有以下感想和建议：

其一，农村特殊困难家庭的扶贫工作，政府和村委应发挥主导作用。一些特殊困难家庭，家里确实缺少甚至没有劳动能力，另外可能还有医药费的负担，这些扶贫攻坚的“硬骨头”，需要政府出台相应的大病大残优待政策，提供有针对性的保障。当前政策不完善的地方也应根据实际情况进行改进，比如上文提到的车村贫困户老奶奶家庭，由于不符合条件无法评上五保户。村委会应发挥积极作用，在村里各项保障优惠服务评定方面向这类家庭倾斜。村委也可以设立相应的基金，专门扶持占村里极少数的这类家庭。

其二，解决贫困问题，让贫困人口思想上脱贫是前提条件。这些年政府部门为了打好脱贫攻坚战，不遗余力地制定了各项惠民政策，例如中国人民银行向符合条件的农村贫困人员提供不高于5万元的全额贴息贷款，以帮助他们创业脱贫。但是据我们所在的车村村主任反映，有个别困难户虽然自己有劳动能力，创业脱贫的意愿却很低，即使贷款给他们也不会用来创业，而是用来个人消费，导致贷款最后成为坏账。针对此类贫困人群，首先必须端正他们的思想，让他们在思想上具有较高的脱贫意愿，这样政府的一些优惠政策才能行之有效，否则一切都是空谈。

其三，在农村进行金融理财方面的知识宣传和教育，引导他们利用金融工具进行理财以获取收益。村民脱贫后收入会有结余，有的村民利用这些资金进行民间放贷，也有许多村民会把钱存起来。民间放贷收入高，但是风险较大。引导村民学会利用互联网购买金融产品，例如购买基金、股票、证券等，能让他们获得风险较低、利率较为可观的收益。

其四，重视农村的精神文明和文化教育建设，丰富村民的精神文化生活。在脱贫致富之后，村民们有能力也有意愿提高自己的精神生活，但是如果农村没有相应的基础设施，村民的精神文化生活也不能顺利开展。因此，村委会要重视村里的文化基础设施建设，倡导村民在空闲时间开展娱乐文化活动，比如唱歌、跳舞、下棋、读书等。

时光荏苒，两天的调研活动很快就要结束了，在活动过程中，我们把自己定位为善于思考的聆听者，倾听村领导介绍村里扶贫工作开展情况、倾听贫困户诉说家里的种种困难、倾听种植大户介绍脱贫致富的经验。我们在这里学习到了在工作岗位上无法获得的经验，同时也提出了自己的一些看法和建议。最后，祝愿村民们的生活越来越美好，祝愿扶贫攻坚战的最后一役打得漂漂亮亮！

黄土地上的思考

○ 中国金融电子化公司　李慧

2015年11月23日，中央政治局通过《关于打赢脱贫攻坚战的决定》，向全党全社会发出了脱贫攻坚的动员令。动员令下，我们在行动。总行机关团委组织的“重温红色记忆·筑梦青春央行”青年干部主题学习实践活动在陕西的黄土地上如火如荼地展开。活动的后两天，我们一行人奔赴铜川的两个贫困县宜君县和印台区进行“根在基层——贫困村里话扶贫”调研实践活动。其中，我和其余三个小伙伴被安排在宜君县五里镇榆舍村进行实地调研。两天的调研活动中，我们通过入户访谈、召开座谈会、与村民聊天、一起劳动等各种形式了解了榆舍村的基本情况、扶贫的现状、村里金融服务的现状及需求等。

榆舍村地处宜君县东部，位于五里镇镇政府西南约8.8公里处，距县城19.8公里，面积约21平方公里。其下辖3个自然村，5个村民小组，现有239户876人，耕地面积4804亩，人均5.4亩。

一、扶贫、金融服务现状及存在的问题

（一）产业情况

村里主要产业为玉米种植，核桃种植及养殖业为少量

补充，经商的人也很少。玉米种植的主要问题在于没有灌溉水，靠天吃饭，像今年天旱，玉米收成就不好，而且玉米价格下跌得比较厉害，影响收入。养殖业前几年比较发达一些，能给村民带来一些收入，主要方式为散养，但由于近几年政府要求退耕还林，散养就要改为圈养，圈养要投入成本建设圈养场所，还要耗费人工及饲料，村民就没有了积极性。

（二）教育情况

村里没有幼儿园、小学，孩子从三岁开始就要到八九公里外的镇上上学。家里必须有个人在镇上租房陪读，一直到小学四年级可寄宿为止，这样家里就少了一个劳动力，租房也增加了生活成本。

二、扶贫政策情况

（一）扶贫基金

村里确定的贫困户有31户，其中22户是低保户，9户是贫困户，低保户的低保金及贫困户每年的3000元脱贫基金都已落实。村民反映3000元脱贫基金作用不是很大，除了现金，更希望得到一些项目扶持。

（二）一对一帮扶

帮扶者为帮扶对象提供了化肥及面粉等物质上的帮助，但帮扶者与帮扶对象互动并不多，形式主义多一些，真正解决问题较少。

（三）科技培训

县农工部组织过科技培训，比如科学种植玉米、蔬菜等。村民表示学到了一些知识，但有时理论性较强一些，与实践有一定脱离。

（四）心理建设

村支书反映，对贫困户的政策扶持很重要，但贫困户的心理建设、心理脱贫更重要。让村民树立勤劳致富、积极主动摆脱贫困的思想也是扶贫中很重要的一个层面。

三、金融服务情况

（一）存取款业务

村里有一个取款服务点，设在村民家里，是陕西信合的银行卡助农取款服务点和农行的金穗惠农通服务点。村民反映，这个不能满足取款需求，首先是额度太小，一天只能取2000元，远远不能满足需求；其次就是要到村民家里去办理，非常不方便。

（二）贷款业务

村里有贷款需求的人比较多，主要贷款用途为看病、建房购房、经商等。据村民反映，真正能贷到款的人不多，主要原因为手续烦琐、担保人不好找。担保人必须为公职人员，对于大部分村民来说，找到这样的担保人比较困难。对于正在农村开展的信用评级建设和土地证可作抵押，村民们比较期待。

四、对扶贫的建议及体会

（一）产业发展方面

对于玉米种植，有的村民有搞规模化种植的想法，即把土地集中在一起，统一规划种植销售，统一实行机械化管理，但是有的村民不能接受这种模式。对于养殖业，可考虑给村民投资建设圈养场所，增加其收入。

（二）扶贫政策有待进一步完善

对依靠政府兜底的低保户和有脱贫能力的贫困户应分别对待，低保户另分一类，不再归入贫困范围内。一对一帮扶的方式要进一步改善，物质帮助解决不了根本问题，也不是目的。

（三）金融服务方面

普惠金融的力度要进一步加大。存取款业务、贷款业务应简化手续，方便村民办理。信用评级建设、土地证抵押应加快进程。

两天的行程结束了，我们亲眼见证了国家扶贫的力度和决心。扶贫取得了很大成效，但是距离我们的目标还有一段距离。真心希望我们祖国大家庭里不再有贫困，不再有贫困的孩子和家庭。

车村扶贫调研报告

○ 中国金融电子化公司　冯庄

车村位于陕西省宜君县尧生镇，距离县城30公里，距离乡政府2.3公里。车村包含3个自然村、4个组，村民一共594人，其中常住人口300多人，在外人员主要是进城务工或者外出求学。

村中人均年收入为13000元，曾获得全国金融普惠示范村、全国民主法治示范村、省级优秀基层党组织等荣誉，在金融普惠、精准扶贫等政策的支持下基本摘下了贫困的帽子。

车村的产业以种植苹果为主，除此之外还有部分玉米和蔬菜作物。村子土壤肥沃、日照充分，为苹果的种植提供了良好的条件。村中土地1450亩，80%的土地种植苹果树，10%种植玉米，10%为自给自足而种植的蔬菜。除作物外，村中还有部分村民养殖鸡、猪、牛等家禽和家畜。大部分村民生活无忧。

经过深入了解，车村仍有少数村民为贫困户。全村158户，其中有11户贫困户，分别为3户五保户、8户低保户。8户低保户中，有5人因病致贫，分别患有肢体上或智力上的残疾，导致无法正常进行劳作，其余3人因不愿劳作享受最低生活保障。

结合调研情况以及座谈会上讨论的情况，针对目前车村的现状，我认为应从以下几个方面继续发展车村经济以及解决剩余贫困人口问题。

1.加强基础设施建设，并且做好维护保养工作不做面子工程。兴建防雹网，阻挡冰雹，使苹果免受冰雹撞击，保证收成。车村产业主要以种植苹果为主，苹果产业目前所面临的最大问题是冰雹。每当遭遇冰雹，苹果遭受撞击，表面就变得不平整，大大降低了苹果的销售价格。因此，建议采用补贴的方式，兴建防雹网，在苹果园上方拉起一道防护网，阻挡冰雹，使苹果免受撞击。

建议调整航线，避开以种植业为主要产业的村落上方。种植业主要靠天吃饭，一旦出现天灾，将会导致收成大大减少，甚者颗粒无收。村落上方存在航线，则不便以人工的方式对天气进行干涉，预防、缓解天灾。例如，若上方不存在航线，在冰雹来临之前，可以提前进行人工降雨，避免冰雹形成。因此，希望航线在设定时，可以将这些以种植业为主的村落考虑进去，尽可能避开这些村落上方。

对已建成的基础设施做好维护保养工作。车村是最早兴修太阳能路灯的村子。建得最早，也坏得最早。大量的路灯已无法正常工作，变成摆设。路灯只是一方面，对已建成的设施应定期做好维护保养工作，维持其正常运转。

2.加强金融知识宣传、教育，促进金融扶贫政策在农村发挥作用。经过调研，车村大部分村民对贷款持消极态度。仅子女上学时，可能会用到国家助学贷款。国家针对贫困地区的金融政策，可以快速扩大产业规模，可以使贫困地区的有志之士大大加快脱贫的步伐。

同时，应加强村民对贷款的认识以及诚信意识。经过调研了解，部分村民对扶贫贷款的认识不深，认为是国家给其的补贴，缺乏还款的意识以及发展生产的动力，导致贷款最后出现坏账。

3.加强对贫困村落农业种植的技术支持。农产品的种植对技术的要求不高，但是合理的种植技术会大大提高农作物的产量和质量。比如，同样是种苹果，车村的苹果比附近其他村落的苹果质量高出很多，地理位置是一方面原因，更重要的是多年苹果种植中摸索出的种植经验。若能指派种植业的专家定期去村落，结合当地的实际情况，定期进行指导，可以有效地提高贫困村种植的作物的产量和质量。

4.加强文化、思想教育，提高村民的文化素质和思想境界。经过调查，村民中成年人的受教育程度不高，普遍为初中及以下学历。加强文化、思想教育可以提高村民的文化素质，开阔视野。

除上述几点外，希望可以针对五保户和因病致贫的困难户，在保证政府相应补贴的基础上，增加医疗投入，例如报销医药、看病开销，增加医疗基础设施；加大优生优育宣传力度，降低先天性残障比例。针对不愿劳作的贫困户，应通过思想教育、开导等方式督促其积极劳作，解决自身贫困问题。

通过两天的调研学习，我了解到很多。贫困村落面临的问题复杂多样，必须亲身调查、实践才能渐渐触碰问题的核心，寻找到真正的解决方法。工作也是一样，不能想当然，考虑问题不能拍脑袋，必须深入调查。

扶贫深入乡村
——"扶贫村里话扶贫"主题活动感悟

○ 中国金融电子化公司　刘越洋

为全面建成小康社会，脱贫攻坚成为一项重要任务，党中央、国务院对于脱贫攻坚工作高度重视。2002年以来，人民银行定点帮扶陕西省铜川市宜君县、印台区两个国家级贫困县。我本次参加"根在基层——贫困村里话扶贫"调研实践活动，入住宜君县五里镇榆舍村，与村民同吃、同住、同劳动，以达到加深对扶贫工作的了解、增进与贫困群众的感情，深入倾听民声民意、深刻体察民情民风的目的。

榆舍村位于福地湖景区下游，距离县城19.8公里，辖3个自然村，5个村民小组，现有村民249户889人，面积约21平方公里，森林面积5000亩，耕地面积4804亩，核桃种植600亩，蔬菜70亩，其余均种植玉米。产业以玉米核桃种植为主，养殖业不发达，拥有1个养殖场，5户散养60头牛，3户散养80只羊，1个养鸡合作社。依托福地湖的民俗旅游业正在规划中，无加工业。

村民40岁以上基本为初中文化，30～40岁基本为高中文化，有13个三本大学生，中小学生在镇上上学，需家长陪读。村上住户每家最多为5人、最少为1人，一般为3～4人。

农忙时种地，其余时间年轻人外出打工。

2015年村民人均收入8800元，精准扶贫31户82人。我们对四类有代表性的村民进行了入户访谈调研，分别是精准扶贫户、致富大户、低保户和贫困户。他们的情况不同，困难和需求也不同。访谈精准扶贫户时，看到他家有基本的生活用品，家中孩子外出打工，收入来源为几亩玉米地的收成。2015年收入2000元，负债15000元，由于贷款手续繁杂，仅通过向朋友借款。他的脱贫意向是建一个羊舍，养一些羊。目前已对其进行了精准扶贫的建档。在对致富大户进行采访时，发现他家中生活条件不错，有滤水装置。他以核桃经商为主业，从种植核桃的农户手中收青皮核桃，对其进行脱皮烘干的简单加工，一般销往“六个核桃”工厂和干果商。他年轻时跑运输，视野比普通农民开阔。问及他的金融需求时，他说：“现在想扩大规模，需要资金，但银行贷款手续太多，贷款额度太小。”第三户访谈了低保户，两位老人无劳动能力，靠每月120元的养老金和3000元的政府补贴生活，家徒四壁，没有任何需求，能维持生计即可。最后采访了贫困户，其家中有76岁腿脚不便的老母亲需要照顾，住在砖石堆成的危房中，仅靠8亩玉米地维系生活，唯一的希望就是搬到一个安全的房子里。通过对有代表性的村民进行入户调研，我发现榆舍村村民大部分还在维持生计层面，金融知识水平和金融需求并不高，全村只有一个农行代办点，只做一些存取款、转账和交电费的业务，村中取现限额为2000元，若需取更多的现金，要去19公里外县城的大银行网点。

晚间在村委会与村两委班子、贫困户代表、种植业大户进行了座谈，共19人参加会议。围绕金融助力脱贫攻坚这一主题，听取村干部介绍本村基本情况、教育情况、农业生产情况、金融发展和精准扶贫情况。村民们踊跃发言，对现状、遇到的困难和希望得到解决的需求进行了讲述。本次座谈会反映出了如下问题：

(1) 受土质和气候的影响，本村的主要收入来源于玉米种植，完全靠天吃饭的问题。

(2) 由于退耕还林土地保护政策，不能散养牛羊，圈养成本高的问题。

(3) 孩子们在县城上学，家长陪读，劳动力减少的问题。

(4) 村民素质低，思想观念落后，不能协调解决的问题。

(5) 农产品无自己的销售渠道，缺少市场，无法形成产业链的问题。

(6) 种植知识缺乏，缺少科学农作的问题。

(7) 扶贫无实效，缺少带头人，政府扶贫走样子，每年仅发放3000元，精准扶贫停留在建档环节的问题。

(8) 金融服务手续繁杂，担保难、信用体系不健全的问题。

(9) 金融合作社2000元取现限额太低，为村民带来不便的问题。

(10) 贷款额度太少，不能满足需求的问题。

会上我们进行了金融知识宣传，宣传了人民银行扶贫开发金融服务的各项政策，宣传了鼓励金融机构发放扶贫小额信用贷款、深化农村支付服务环境建设、加强农村信用体系建设等政策。本次金融知识宣传，让村民们了解到目前很多亟待解决的问题政府已经研究出对策，正在落实中，给村民们带来了希望。

本次与老乡同吃、同住、同劳动的扶贫调研活动，让我意识到扶贫开发是一个长期的历史任务。调研中，当地村民的朴实热情给我留下深刻的印象。他们的生活状态也让我对扶贫的必要性、艰巨性有了更深刻的体会。一方面，看到了人民银行及各级政府共同努力取得的成效。另一方面，深切地感受到决策层贴近实际的必要性，作为决策制定方，只有多下基层，贴近农村生活，才能使政策更具可行性，更能发挥实效。

苹果主任马兴让

○ 中国金融电子化公司　耿显维

陕B26869，是一辆除了喇叭不怎么响剩下车身各处都响的五菱宏光面包车，也是宜君县尧生镇车村村委会主任马兴让的座驾。马主任因为一岁的时候扭伤脚踝没有得到及时救治，左脚有些不便，1979年高考因为身体原因没有被大学录取后就回村工作，担任过村里会计，当过5年老师，后来是村里的组长，1999年担任村委会主任至今。见到马主任的时候，他刚刚从县里开完会回来，笑着跟我们说，这辆面包车拉过农资农具，拉过苹果，拉过镇上领导，如今又拉了北京来的调研干部，不是一般的面包车。与这辆有些寒酸的面包车相比，村里158户人共有50多辆车，有哈弗的SUV，有日产天籁，看得出来，条件都不错。

同样有着鲜明对比的还有很多，我们到达村委会的时候，院子一侧的墙都已经坍塌了，村委会并不是没有钱修缮，而是把钱用到了刀刃上。车村不大，有4个自然村，分为了3个组，全村所有的道路实现了硬化，与来这里路上遇见的"搓衣板"土路完全不一样。道路两边有绿化，有太阳能路灯，村民外墙是村里统一出钱刮的大白，上面装饰了二十四孝故事的浮雕，村里家家户户都用上了自来水，好多人家还安装了太阳能热水器。马主任最近在忙着污水处理的事，车村的垃圾定期填埋，但是以前污水都是直接排放到了山沟沟下面，以后要先沉降处理后再统一排放。这项工程投资有40多万元，全部是国家专项财政资金。马主任说现在国家对乡村投资加大，比以前好了很多，当初做全村道路硬化的时候，自己掏腰包垫过钱，后来村里用了四年才把钱都还上，自来水工程的100多万元投资，村里也负担了一些。

车村的气候适合苹果生长，这里的苹果质量非常好，南北客商每到丰收季节都会聚集到尧生这个不大的镇子上收购苹果，2016年质量达标的苹果能卖到3.8元每市斤。靠着苹果种植这个支柱产业，车村2015年的人均年纯收入达到了12850元，现在全村90%以上耕地都种植了果树，1450亩果园中有910亩都已挂果，靠着科学种植，已经连续8年实现丰收。马主任说从前可完全不是现在的这个样子，村里最老的果树是1986年政府帮扶的，30年的果树依然可以丰收，但是村里并没有剩下多少老树，因为当时很多村民并不理解政府，刚刚种下的果树苗，第二年就被挖出来当柴烧掉了。1999年马主任上任的时候，村里158户中还有80户左右的贫困户，通过这些年政府的政策扶持，从粗放的玉米种植升级到经济效益较好的苹果种植，截至调研时全村只剩贫困户11户。苹果的种植需要大量的技术支持，从肥料农药的选择，防治病虫害，到苹果的套袋摘袋，铺设反光膜，这里面都离不开政府的免费技术指导，更离不开基层干部循循善诱的引导。马主任虽然不是苹果种植大户，但是从农广校毕业的他对苹果种植的门道都熟稔于心，带领我们考察村里的基本情况的时候，可以清楚地说出村民的果树存在的问题。

举行扶贫座谈会的时候，马主任也分享了扎根基层得来的深刻经验。车村现在11户贫困户中，有3户是五保户，其中一户已经送到敬老院，所有费用由财政承担。剩下8户中，因病因残卧床、智力低下和患有间歇性精神疾病的有6户，村里安排了专人常去帮忙照顾，除了领取低保外，60岁以上可以领取国家养老保险，70岁以上可以领取老龄营养补贴，由村里出钱全部参加了农村合作医疗，看病药费实现100%报销，同时逢年过节会送去慰问金和粮油，可以说日常生活并无大碍。重点扶贫对象的两户中有一户能从事简单劳动，通过村里指导种植中药萱藻和连翘，也会在不远的未来脱贫。而另外一户，马主任说，往通俗了说是要给他们过日子的信心，往大了说是要树立他们积极向上的生活态度。这一家从新中国成立初期就开始领低保，历经三代，是名副其实的懒惰户。他们家的孩子大专毕业回家后沉迷网络游戏，并没有改变家庭现状。马主任把这个孩子招到了村委会做一名保洁员，希望能多让他见见世面，2016年还帮他申请了政策扶持的扶贫贴息贷款，并不断督促他尽快找到好的项目，监督他不把钱花到吃喝玩乐上。“这个钱不用到生产上，三年后可就是债务了”，谈到这里马主任深深叹了口气，“做人最重要的是诚信，你们人民银行搞的那个啥子信（征信）都记着这些贷款呢……社会上有些人用贫困户的名义申请贴息贷款，但是在我这里绝对行不通，没有偿还能力的贫困户不能让他们贷款”。

马主任1990年入党，这些年来一直以优秀共产党员的标准严格要求自己，他总结自己的工作经验，说自己这么多年主要是做到了两点。一个是学政策用政策讲政策，国家对乡村特别是欠发达的革命老区一直有很好的政策，只有自己去深入学习政策，在日常工作中运用政策，并给群众讲解政策，才能把工作做好。还有一个更重要的是，一定要做到公平正义，让群众信服。他拿人民银行总行2016年捐助的果园防护网项目举例，该防护网一定要通过每年两次的村民全体大会来决定安装的顺序，还要照顾到家里缺少劳动力的老人。

谈话的最后，我问了问马主任有没有想反映的情况，马主任憨厚地笑了笑，不好意思地讲了一件事。由于地处民航线上，人工干预冰雹极端天气往往只有飞行间歇的几分钟时间窗口，完全达不到减灾的效果。2015年的“7·17”特大冰雹灾害，尧生镇有多个村受灾严重，车村也有一部分果园受损，虽然镇政府发放了救灾补助，但是尽快完成果园防护网建设才是解决问题的根本。“能不能让民航上面也出一部分钱，尽快把这个事情做好”，马主任说这句话的时候，声音一下子小了很多。

他们是被抛弃的人吗

——扶贫村问题浅析

○ 中国金融电子化公司　陈曦

结束本次照金之行，我匆匆赶往西安北站回京。在高铁站吃完饭，觉得有些口渴，望见远处有卖果汁，就走近想去买一杯。可是，当我看到果汁的价格23元一杯时，我心里一紧，转身走出了果汁店，眼前浮现的是在铜川市印台区红土镇孙家砭村一处贫困户家，农妇焦灼而又无奈的眼神。“再加上女娃上高三，生活费贵呀，每周吃饭都要200元，去哪儿弄这么多钱？”200元，在这里只是不到10杯果汁的价格，却是贫困家庭里学生一周的饭费，也是令贫困母亲每天愁眉紧锁的一笔不小的费用。

该农妇家，2015年丈夫车祸去世了，失去了家里重要的劳动力；小儿子看到父亲最后受伤的模样，一下子哽住了，受到了刺激，得了癫痫，每天需要300元的药品控制病情；大女儿今年高三，除了学杂费，每周还需要200元的饭费；家里还有公公需要照顾；上有老，下有小，作为家里唯一的劳动力，农妇不能外出打工，只能在家里的七八亩地里种些玉米，又逢去年大旱，更是让他们本来就拮据的生活雪上加霜。再加上丈夫去世前，盖房子到处借的八九万元外债，空空的崭新的房子，真的可以用家徒四壁来形容。

当听到这些情况时，我是震惊的。怎么会所有的不幸都让她遇上？面对这位才42岁，皱纹已经爬上黝黄脸颊，眼睛里充满了焦虑，但又极其真诚、礼貌，配合我们调研的女性，我竟然不知道说什么。只听到农妇说："唉！有啥办法？这只能坚强。"

不幸中的万幸，农妇享受到了精准扶贫的政策，申请到了为期两年的5万元无息贷款。可是，农妇告诉我们，她不知道怎么花这些钱，也不敢花，怕两年过后还不上贷款。

这也是我们这次调研发现的一个主要问题：申请到扶贫贷款的贫困户，缺乏具体产业政策的引领，不能合理地利用贷款。如果用贷款去还旧账，拆东墙补西墙，两年后会重新返贫；如果去做产业发展，不慎选错产业，两年后不仅不能获利，还可能产生新的负债。

另外，农村贫苦户受教育水平低，思想保守，不能灵活解读利用相关政策，有的甚至不愿意申请无息贷款。不过，能申请到贷款的贫困户是幸运的，实际上，贫困户贷款难是这次调研中遇到的头号问题。

由于精准扶贫政策对贫困户申请无息贷款的严格规定，贫困户符合贷款要求的户数较少，全村共有贫困户88户，其中经过申请条件筛选，满足年龄在55周岁以下、身体无残疾、无大病、无不良征信记录要求的仅有22户。22户中，已经申请到贷款的不足10户。其中，仍有还未拿到贷款的贫困户。

大部分不符合申请贷款资格的贫困户，是由于多年前对征信制度了解不足，在办理贷款业务时互相担保，且不注意所担保贷款金额，最终借款人无法按时还清贷款，产生不良征信记录，从而导致担保人或借款人再办理贷款业务时不能满足贷款要求。我们调研的第一位贫困户就是属于这种情况，这位大爷，多年前出于邻里情谊，并且当时担保手续简单，为组长担保贷款，结果组长一直没有还贷。2015年由于大旱，所种经济作物颗粒无收，大爷家返贫，想申请贷款发展养鸡，但是由于征信记录的问题，无法申请无息贷款。

村民可用流动资金少，部分所贷款项用来支付上学、医疗、红白喜事等费用，部分村民还款能力不足，在规定时间内不能还清贷款，因而产生不良记录，导致再次申请贷款非常困难，很多村民放弃还贷款，形成了恶性循环，对信用社产生了一定损失，同时信用社在审核贷款申请时对村民的还贷能力产生怀疑，使村民贷款更加困难。

信用社放款速度慢，也是被诟病最多的问题。村内金融机构少，仅有1家农村信用社，未形成充分竞争，形成了一家独大的局面。村民在满足贷款要求的情况下，办理贷款业务依旧困难重重，流程繁杂。据调查了解，经常需要宴请相关领导打通关系才可顺利办理贷款业务。

对于金融扶贫方面，我们问起这方面的问题，村民们一头雾水。他们不清楚具体的扶贫细则，他们期望的细则是像教育扶贫细则那样，把具体项目和费用一项一项列出来，清晰明了。根据村民们反映的情况，我们总结出现该问题的原因有：扶贫金融政策不明朗，政策解读不到位，村级政策宣传力度小。金融扶贫极为重要，因为贫困村民目前在精准扶贫中的主要脱贫措施之一就是两年的免息贷款。由于不清楚金融扶贫政策细则，贫困村民在办理贷款业务难，且并无明确具体的原因的情况下非常被动，甚至对信用社及政策产生怀疑，部分贫困村民在满足贷款要求的情况下并无申请贷款脱贫意愿。

站在西安高铁站的候车楼上，向外望去，不远处是齐整的高层住宅区，再远处是一片红红火火的建筑工地，为新的高级住宅忙碌着，城市里车水马龙，人们怡然地踏着自己的节奏，谈论着买几套房、在哪儿买的问题；而在离西安不足百里的黄土高原上，村子里静悄悄，贫困的母亲还在为一周200元的“巨款”愁容满面，城市里的繁华似乎和他们无关。

他们是被抛弃的人吗？精准扶贫，让我们再次聚焦在这些不幸人们的身上，也许因为天灾，也许因为人祸，他们承受着时代的苦痛。我们没有理由漠视、抛弃远方的他们，相反，我们应该责无旁贷地伸出双手，奋力把他们从贫困的泥潭里拉出来，洗净浑身的浆土，融入时代的繁华。愿精准扶贫成为贫困村民的诺亚方舟，将他们救起，摆脱贫困，载着他们，驶向幸福。

关于山村扶贫的一些思考

○ 中国银行间市场交易商协会　袁雅存

近年来，国家高度重视金融扶贫工作，不断创新和改进金融扶贫工作服务模式和服务方式，以“精准扶贫、精准脱贫”为基本方略，推动贫困地区经济发展。为了进一步做好定点扶贫工作，在人民银行机关团委的组织下，我们一行四人来到了陕西省铜川市印台区陈炉镇潘家河村，对精准扶贫的相关情况进行走访和调研。

一、潘家河村主要情况

位于镇政府东13公里处的潘家河村坐落于大山深处，共有265户960名村民，预计于2017年实现脱贫摘帽目标。整个村子基础设施严重落后，大多数居民仍住在人工挖制或砖头砌成的窑洞中，房顶即是路，路下即是屋；村民饮水以窖水为主，虽然村委会办公室已通了自来水，但因自来水需收费等问题，整套自来水设施一直处于无人使用状态；交通极不便利，整个村子只有一条土质的主干道可供车辆通行，且大多数村民家中并不具备日常交通工具，因地理位置闭塞，大多数人出行需要走到邻近的村子一起等班车，而从村子到最近的镇上也有三十分钟的车程。

在走访过程中，我们陆续对该村的人员构成、教育情况、医疗情况、产业结构以及金融服务情况进行了了解。人口构成方面，村内人口老龄化情况及人口流失情况较为严重，960名村民中，常住人口只有不到400人，且留守者主要为老年人，劳动能力低下，大多数青壮年均外出打工谋生，只有过年时才回村子里住几天。教育方面，村民受教育程度普遍较低，大多数留守老人只有小学学历，部分村民甚至从未接受过教育，外出打工的青壮年以初高中学历为主，但也只能做一些劳动量较大的重复性工作，整体受教育程度低相当程度上导致了潘家河村的贫困。医疗方面，村内医疗人手严重短缺，整个村子只有一名赤脚医生，常备一些治疗感冒发烧等常见病症的药品到村民家中为村民就诊，若病情较为严重，只能送往镇上定点机构就医，而医疗知识的缺乏和交通的不便利极易耽误病情的最佳诊治时间，医疗环境严重堪忧。产业结构方面，整个村子产业单一薄弱，村民主要收入来源于农业，靠种粮食和核桃为生，靠天吃饭比较严重，当大风、雨水、病虫等自然灾害来临时，很难规避自然灾害的风险，有的年头甚至完全没有收益，只能自给自足。部分村民家中发展养蜂业、养鸡业，但因整体资金不足，普遍规模较小，仅能在家中养殖获取基本的生活需要，急需通过贷款等形式扩大生产规模。村中共有3家小型私营煤炭企业，目前只有1家在开工，十来个人在工作，虽然工作性质危险且收入薄弱（每人月均收入3000元），但在闭塞的山村中却是一部分家庭的主要收入来源，山间煤炭的开采间接带动了物流、木材加工等产业，为部分村民提供了一些就业岗位。单一的产业结构决定了村民对金融服务需求的单一，村内只有一家小型金融便利店，为村民提供基本的存取款、转账服务，村民收入基本都沉淀于定期与活期存款，对诸如股票、债券、基金等金融服务产品了解较少且缺乏了解的积极性。

二、精准扶贫的相关金融政策落实情况及思考

偏僻的地理位置、老龄化较严重的人员结构、较低的受教育程度以及单一的产业结构一定程度上导致了潘家河村的贫困。通过与村两委班子、贫困户代表、种植业大户等代表的座谈以及对典型贫困户的走访，我们了解到，在国家的金融服务和精准扶贫相结合的战略指引下，村内设置了“一对一帮扶”活动，根据本村经济建设情况对村民进行了相关金融和扶贫政策的科普，并根据各贫困户的实际情况进行了对口扶贫政策的帮扶。例如，对有专业技能的贫困户开展产业扶持，鼓励其根据自身优势发展养蜂业、养鸡业等，为满足条件的村民申请扶贫贷款，扩大养殖规模；为贫困户的孩子入学提供教育扶持，帮助其顺利完成学业；为村民科普医疗保险的相关情况，鼓励并督促每位村民加入医疗保险和社会保障等。

虽然扶贫政策得到了贯彻和落实，但在具体推进过程中，仍存在部分问题制约扶贫工作的进一步深化。首先，村民整体技术不足，在开展产业扶持的过程中缺少技术支撑，需要专业的技术人员指导。其次，在有限的贷款申请中，贷款手续复杂，审批流程较长。虽然满足条件的贫困户可享受三年期5万元以下无息贷款，但银行在办理贷款的过程中常常要求有其他的抵（质）押物或其他多人的信用担保，在有较为紧急的资金需求时，更多采取亲戚或朋友之间互相借贷解决的方式，想大规模推广产业的村民则需等待较长的时间。再次，互联网普及程度低，村民整体老龄化程度高、受教育水平不高，多数人不会用电脑，缺少学习和了解知识的

途径，严重限制了第三产业的发展。最后，单一的产业结构和落后的基础设施决定了简单的金融服务即可满足村民的日常需要，严重制约了村民开拓创新的积极性。

扶贫工作要准、要稳、要深入基层，精准扶贫作为扶贫工作的重要一环，要切实因户施策，确保帮扶措施和帮扶对象到户到人，在整体的、科学的扶贫工作的统筹规划下，遇到问题，发现问题、解决问题，为扶贫工作的深入开展发挥关键作用。

基层扶贫，任重道远

○ 中国银行间市场交易商协会　郭杰

2016年9月，作为人民银行系统中的一员，我有幸参加了“根在基层——贫困村里话扶贫”调研实践活动，来到印台区陈炉镇双碑村与群众同吃同住同劳动，体验基层贫困生活、了解扶贫开展情况、宣传扶贫政策，为解决扶贫实际困难、打赢扶贫攻坚战尽一份微薄之力。

一、座谈交流，初步感受贫困气息

通过镇长王永辉、村支部书记高亚峰、村长郭长全、镇办包村干部程正斌等两委会班子的介绍，我们了解到，双碑村作为陈炉镇18个村中最大的村，共有7个村民小组,485户1850人,耕地2765亩。双碑村有贫困户55户，贫困人口159人，其中精准扶贫建档立卡户310户901人。经济结构较为单一，以传统的种养业为主，主要经济来源为小麦和玉米种植、家庭养殖、劳务输出等。年轻人大多外出打工，人口老龄化严重，教育和医疗保障不足，缺乏产业、资金和技术支撑。目前双碑村领导班子组成了脱贫攻坚领导小组，并根据上级关于精准扶贫的部署和要求，完成贫困户建档立卡工作，重点发展陶瓷特色一条街、陈炉古镇旅游园区、药材、光伏等产业建设，推动移民搬迁项目，增加教育医疗帮扶，为扶贫工作出谋献策、辛劳奔波。

二、入户调查，深入体会扶贫情况

通过调研6户村民，询问调查问卷问题，我们了解到，基本情况方面，大多数贫困户多由疾病、伤残或者缺少劳动力导致。家庭年收入均少于3500元，收入来自农业生产或外出务工，几乎都有几万元家庭负债。金融服务方面，他们大多对于金融扶贫政策和金融知识了解较少，对金融理财投资产品及保险需求不大，几乎均提出了金融服务机构较少，离家较远（8～10公里），等待时间较长，存款利息低，贷款额度小、手续复杂、流程长等问题。金融精准扶贫方面，4户贫困户都享受到了精准扶贫政策的福利，他们认为实施精准扶贫的难点在于资金供给不足、扶贫政策不配套、缺少连续性等，希望金融机构可以简化贷款手续、降低抵押担保门槛、提供贷款额度、积极参与农村信用体系建设、与农户开展“一对一”帮扶；政府也可以提供更好的项目，加大技术、知识的培训宣讲，加强沟通了解不同贫困户的实际需求。入户调查，使我们眼见了扶贫政策尤其是金融扶贫给贫困户带来的利好，但也暴露了目前推进扶贫工作中存在的一些客观问题，需要我们经过长期的努力才能解决。

三、体验农耕，亲身感受村民辛苦

通过亲身帮助村民掰玉米，摘辣椒、花生，刨土豆等一上午的田间劳作，与村民伯伯聊天，我们不仅体会到了农耕收获的喜悦，更深切体会到村民生活艰辛——耕地收入微薄却不得不种地的难言之隐，年过半百外出打工得靠染发修容的无可奈何，种地打工无法兼顾的惆怅困扰，安土重迁不愿搬家还得响应号召的矛盾恐惧，想要脱贫致富而文化思想落后的限制约束。种种情绪，重重困难，让我真实感受到脱贫致富不仅是对村民自身转变想法、提高能力的考验，更是对村干部扶贫脱贫思路方法、协调沟通能力的检验。

四、掩卷沉思，真实坦露扶贫感想

通过和村干部座谈、实地入户走访调研贫困户、亲身体验农耕，我对于扶贫脱贫工作有了进一步的理解和认识，针对目前存在的村民思想落后、不敢不愿贷款、缺少产业支撑、金融服务不到位、扶贫不可持续等一系列问题，我有以下几点浅显的建议。一是加强扶贫政策推介和金融知识宣传教育，从根本上转变贫困户思想意识，促使其自己愿意积极主动脱贫。二是发展新兴产业，让产业带动贫困户发家致富，例如，加大陶瓷工艺园区和陈炉古镇旅游园区及周边配套基础设施的建设力度，给有工作能力的贫困户提供就业机会的同时，也为丧失工作能力的贫困户提供增加收入的渠道。三是增设便民金融基础设备及服务站点，完善金融服务，丰富金融产品，以满足贫困户的不同需求。例如，养殖贫困户提出“三年一个行业周期”，2年的贴息小额贷款不能满足自身需求，建议金融机构根据信用评级，对于评级较高的可适当延长贷款期限、加大贷款额度。四是加大金融、教育及医疗等方面的扶贫力度，持续发展进步典型，对于思想进步、能力较强的贫困户一直扶持直至完全脱贫，树立典型，提高其他贫困户的信心和脱贫意愿。五是鼓励互帮互助，发挥农村合作社的积极作用。据了解，村里目前的金舵种植专业合作社和高硷养殖合作社目前尚处于初期阶段，建议合理利用扶贫政策，引入资金和项目，成立基金，共担风险。六是建立激励机制，引进优秀人才助力脱贫。目前双碑村两委会成员仅有5人，脱贫攻坚工作领导小组人员也较少，且文化程度一般，金融专业人才稀缺，建议建立激励机制，向上级政府、金融机构申请引进专业人才、委派专员技术指导，增强“一对一”帮扶力度和深度，利用金融人才助力脱贫攻坚战。

两天紧张忙碌而又充实有意义的扶贫调研实践活动结束了，我们了解了民情，倾听了民意，从群众的口中和自己的眼中，真真切切地感受到了村党支部和村委会领导班子为基层扶贫所做的点点滴滴的努力、付出的日日夜夜的艰辛。我们作为人民银行的一员，也有责任和义务对我们帮扶的贫困地区献计出力。然而，基层扶贫工作阻碍困难重重，任重而道远，不可急躁，需要多方长远规划、共同努力，齐心协力打赢这场脱贫攻坚战！

来自泥土的精神养分

○ 中国银行间市场交易商协会　李芳竹

我在出国留学之前，对“国外”的想象和认识都来自电视、小说或是别人的描述，认为“国外”的人不闯红灯，“国外”各项设施都特别先进。但当我留学一段时间、去过不同的国家以后才发现，很多简单的认知都来自想当然或者夸张的印象。而且“国外”也不是单指一个国家，各个国家之间的情况千差万别。

我对于贫困地区的认识也经历了同样的过程。小时候读关于农村的小说或是看相关影视作品的时候，更多的是抱着一种好奇的心态。这些艺术作品对事实有虚构和夸张，并且主旨大多是在歌功颂德，塑造一个个高大的主人公形象。它们为我认识贫困地区打开了一扇小小的窗户，然而我更想推开门、走进去、坐下来，看更远，想更深，不然所有读过的《平凡的世界》《白鹿原》，关于大山里的另一个世界，关于农村女权、关于拆迁、关于大学生村官，或是关于鞠躬尽瘁的基层干部的故事，就永远只能是遥远的虚幻现实。而这次深入贫困村学习体验的机会给了我前所未有的触动，留在心里的不会是对那几天生活条件艰苦的抱怨，而是从泥土里获得的丝丝精神养分。它会从今往后一直在我的职业生涯或是个人生活中不断滋养着我。

通过这几天的调研，我对贫困村的生活状态和村民的思想有了更多的了解和感悟。有位大叔地里各种作物都收晚了，一个人干不过来也不介意，我们上前询问才知道，他主要的收入来源是在城里打工的收入，而种地收入微薄、费时费力，他种地只是为了避免村里人的闲言碎语，说他出去打工了人都变懒了地都不种了。村里人之前集体办过小麦保险，倒伏的年份保险公司进行了不同程度的赔偿，而在没有自然灾害的年份村民们也要求赔偿，认为不然这钱就白交了，还不如存银行挣利息。我们还观察到一个现象，就是大家都以当贫困户为荣，在贫困线附近的农户都希望被定为贫困户，获得更多对贫困户的优惠；已经被认定为贫困户的，希望优惠更多一些、补助时间更长一些。有兜底保障的贫困户自我劳动意愿就偏低，指望年底靠政府；稍微富裕一些的农户则不希望显露自己太富裕，因为不愿意为贫困户提供借款或为其贷款提供担保。所有这些都显现出“扶贫先扶智”的重要性，也显现出在经济扶贫之外，文化扶贫、医疗扶贫、技术扶贫和思想观念扶贫等配套工作的迫切性。

我们组所在的双碑村是本次调研活动中条件较好的一个村。通过走访了解的信息和村干部介绍的内容都告诉我们，村里的发展离不开村干部的思想高度、工作态度和行动力。和村支部书记、村委会主任的几天相处，让我们体会到了他们工作的难度和强度，我们由衷地佩服他们的工作能力，赞赏他们取得的各项成果，也被他们的个人魅力深深感染。走访贫困户的时候，每户村民和村委会主任的关系就像亲人一样，村干部走进村里乡亲家里的时候就像来到了亲戚家，坐下就帮忙干农活儿，嘴上还真诚热情地嘘寒问暖。我们参观了村里修建的“幸福院”，有婆娘澡堂、电子阅览室、老年人免费吃饭的食堂、文艺表演的大舞台和音响设备，老人对其中一些设施的使用率和满意度很高。村干部在思想上也十分开放，考虑长远。村委会主任描述村里贫困的主要原因是“没有主导产业和致富途径，留不住人”。所以，一方面，村委想把村里的规划和陈炉古镇的旅游产业结合起来，把双碑村建设成“第二服务区”，带动本村的服务业，让村民特别是没有劳动能力的村民，能够参与住宿等轻劳力的行业，从中获得经济收益。另一方面，村里也打算依托古镇制陶的产业集聚优势，打造产业园区，形成陶瓷奇石一条街。但这个计划涉及村民的整体搬迁，动员工作难度很大，上年纪的村民往往有意见。但我们临走的时候提及此事，村长说“没有退路了”，他的眼里闪着坚定的光。

另外，我们也观察到一些行之有效、值得推广的做法。一是成立由能人带头的合作社，合作社给予同一产业的农户技术和材料支持，农户的产品也扩大了合作社产品的整体规模，使能人在销售环节能以规模获得更好的议价能力，对于没有劳动能力的合作社社员采取“统种、统管、统一销售”的模式，为他们增加稳定的收入来源。二是贫困村可设立资金互助社，相当于村民自治的小银行，资金和用款决策都来自村民，在银行的金融服务未完全满足需要的阶段可发挥重要的作用。

不管是对贫困村现状的进一步认识，对扶贫工作的思考，还是对村干部工作智慧的欣赏，都激励着我立足本职工作，以为人民谋福利为工作信仰，踏实、坚定地奋斗。

潘家河调研之所思所感

○ 中国银行间市场交易商协会　张嘉洋

2016年9月24日至25日，我们一组四人于陈炉镇潘家河村开展“根在基层——贫困村里话扶贫”调研实践活动。活动期间，我们开展了座谈会与入户调研活动，走访了当地的煤炭企业和金融机构，并与村民共同劳动。活动虽然只有短短两天，但是在与村民同吃、同住、同劳动的过程中，我们感受到了贫困村民们生活的艰辛，体会到了党和政府帮助贫困群众脱贫的决心，也认识到了打赢这场脱贫攻坚战的困难和不易。这短短两天也让生于城市、长于城市、远离了根基的我们，重新回归了生育我们、养育我们的土地，让我们深切领悟到，只有不忘根本、脚踏实地，才能走得更远。

24日的清晨，我们从照金出发，沿着弯弯曲曲的山路向潘家河村行进。潘家河村位于陈炉镇政府东13公里处的山峦地带，距印台区政府24公里，地理位置较为偏僻，交通便利程度相对较低。潘家河村下辖四个村民小组，现全村265户，960口人，耕地面积2010亩，林地6000余亩，主导产业以种植粮食和核桃为主。全村共有贫困户29户62人，其中低保户4户6人，一般贫困户18户49人，五保户7户7人，贫困残疾户6户9人，贫困发生率6.5%，疾病、残疾、年迈等为主要致贫原因。

在这一次的实践活动中，我们看到了村领导干部带领村民走出贫困的决心，也看到了他们工作的艰辛与不易。我们拜访的四户贫困户中，受限于家中有限的劳动力或疾病，原有收入来源基本为农业种植收入，抵御自然灾害的能力较差。在村干部的带动说服下，有三户都根据家庭的实际情况，在原有农业种植基础上，选择了适合的养殖产业，拓宽了家庭的收入来源。在走访完几户贫困户后，已是夜晚临近8点，没有路灯的村中漆黑一片。村书记向我们介绍道，村里的工作就是“白加黑”和“5+2”，不分节假日，最重要的就是及时解决村民的困难。

在这一次的实践活动中，我们看到了贫困村民虽然生活艰苦，但依然充满了对未来的希望和为美好生活奋斗的决心。我们走访的一户人家，户主叫马冬梅。她的丈夫于四年前突发高血压瘫痪在床，儿子仍然年幼，她成了家里唯一的壮劳力，挑起了所有重担。面对艰难的生活，她依然抱有积极乐观的心态。她从2016年8月开始养鸡，在我们调研时已有300多只鸡，一人担起了照顾丈夫、种地和养鸡所有劳动。她告诉我们，村支部书记、村委会主任和村民们都支持她养鸡，她非常感谢邻里乡亲对她的帮助。她还说道，虽然生活困难，但她一定要继续供孩子上高中。正如她的名字，她就像冬日里的梅花，凌寒绽放。

通过这一次的实践活动，我们也发现，打赢这场脱贫攻坚战确实任重而道远。潘家河村地理位置较为偏僻，目前全村已有几个自来水点，但日常用水仍以雨水收集沉淀后的窖水为主，水利及交通等基础设施亟待完善。当地产业结构单一，主要以玉米、核桃等种植业为主，农业机械化程度较低，对气象、病虫草害等自然灾害抵御能力较差，靠天吃饭的情形仍较为严重。当地金融服务的覆盖程度相对较低，同时受限于当地的经济发展水平和教育程度，村民们对金融服务的需求度也相对较低，村中设有的金融服务站基本能够满足村民日常存取款需求，但办理贷款等其他业务则需到离村十余公里的陈炉镇上。在我看来，要想真正打赢这场脱贫攻坚战，不仅需要向贫困户“输血”，更要让当地实现“造血”，从加强基础设施建设、农业现代化建设及提升金融服务覆盖度等多个方面入手，带动当地经济发展，引导村民发家致富。

26日清晨，我们沿着那条弯弯曲曲的山路，离开了潘家河村。时间虽然短暂，但这段经历却让人难以忘怀。我不会忘记清晨的薄雾从山间缓缓升起，温柔地抚摸着层层山峦；我不会忘记夜晚深邃的天空和满天的星辰，一眼就让人忘记了自己；我更不会忘记村民们朴实敦厚的笑脸，还有他们对未来美好生活的信心。从与村民们共同劳动的田间回到自己的工作岗位上，我学会了珍惜，学会了脚踏实地，对于自己工作岗位的意义有了更深的认识。我会以更加饱满的热情去迎接每一天的挑战，在自己的工作岗位上贡献一份力量。

认真落实国家政策，切实做好扶贫工作

○ 中国银行间市场交易商协会　余聪

当前，党中央、国务院对于脱贫攻坚工作给予了前所未有的重视，投入力度和责任硬度前所未有。习近平总书记也明确指出，全面建成小康社会，最艰巨的任务和最突出的短板在于脱贫攻坚，全党全国全社会都应该聚集力量，齐心协力打赢这场脱贫攻坚战。

在党中央、国务院一系列政策的支持下，我国扶贫工作取得了巨大的进步，很多贫困落后村庄的面貌也都焕然一新，劳苦大众的生活水平有了明显的提高。但是，我国地域辽阔，人员众多，仍然有很多贫困农民处于食不果腹的状态，贫困地区教育、卫生、医疗等水平远远落后于全国平均水平，人均可支配收入完全不能满足人们日常开支的需求，各类生产生活物资极其匮乏，生活水平极其低下。在我们这次学习实践的宜君县和印台区，尤其是我们居住的潘家河村，我们亲身经历和感受到了贫困大众真实的生活环境。这两个国家级贫困县，让我们对扶贫工作有了全新的认识，对推动社会主义现代化建设有了更加坚定的决心。在扶贫调研期间，我们开展了以下几个方面的工作：

一是继续入户扶贫调研工作。我班共四名同事，和我一起进入农户家中进行问卷调查，挨家挨户地与当地村民进行交流，了解当地村民的实际生活情况，摸清村民真实生活水平。令我印象深刻的是马冬梅家，丈夫瘫痪在床，生活不能自理，儿子还在读初中，每年学费和生活费都需要花费不少，马冬梅目前养殖了鸡和鹅等家禽，暂未开始销售，除此之外没有收入来源。但是马冬梅积极乐观的生活态度深深地打动了我们，她希望借助金融扶贫政策，扩大养殖规模，争取早日脱贫致富。

二是开展了金融扶贫知识宣传。因为很多偏远地区的居民对于国家精准扶贫的政策不甚了解，对金融知识也有很多疑惑，我们在入户调研期间也对国家政策和相关金融知识进行了宣传和答疑解惑。特别是宣传了人民银行扶贫开发金融服务的各项政策，让农户切实理解到了相关金融政策，体会到了国家扶贫政策的关怀和温暖。我们走访的其中一家贫困户是养蜂的，他希望借助国家金融扶贫政策贷款5万元，发展和扩大养殖产业，我们向其详细介绍了扶贫贷款的情况，包括贷款年限、免息政策、免担保优惠等，该住户表示非常欢迎。

三是举办了一次“我为扶贫献一策”村民代表座谈会。我们围绕金融助力脱贫攻坚这一主题，与当地村委、贫困户代表及种植大户等举行座谈，详细了解当地的实际扶贫攻坚情况。我们结合当地的实际情况，根据人民银行金融扶贫的政策，也给当地村民尤其是贫困户提出了一些金融扶贫的政策和方法，供村民参考，并得到了当地村委和村民的肯定。但是，也出现了一些不同的声音。很多村民表示金融政策应该更倾斜于当地大户，这样能够带动当地产业的发展，从而推动相关产业链的兴起，带动全村劳动人民共同富裕；而如果仅优惠于贫困户，犹如石沉大海，授人以鱼，将造成资源的浪费。会上也进行了激烈的讨论。

四是帮助当地村民进行了一次田间劳动。我们与当地村民共同劳动，一起掰玉米、剥毛豆，面朝黄土背朝天，深刻体会到了农民的艰辛，也更加珍惜来之不易的劳动果实。

通过这次深入贫困县的亲身经历和感受，我们对贫困地区的情况和困难有了更加深刻的体会，也了解到了我国广大劳动人民生活的不易，对此我有一些自己的认识和建议。

第一，要更加节约资源，建设资源节约型和环境友好型社会。在这次实践中，我们充分认识到自来水等资源的重要性，很多村民都是在窖中储存雨水，或者跋涉几里地用水桶挑井水，我们更是感同身受，更加深刻地认识到水资源的珍贵。同时，由于我国人口众多，自然资源极度匮乏，建设资源节约型和环境友好型社会显得更加迫切和重要。

第二，要深入了解和学习国家精准扶贫的政策和金融服务知识。在国家级贫困县，学习和了解扶贫政策尤为重要。当地村委和村民要充分理解国家政策，积极申请相关福利和扶持，得到更多优惠。同时，在政策的支持下，合理利用金融服务知识，早日脱贫致富。

第三，要结合当地的实际情况，合理制定出具有本地特色的致富方法。与当地政府机关、大型企业等机构合作，合理对本地特色产业进行开发，比如农产品类、历史文化类、红色旅游类资源等，不仅可以让当地村民积极参与建设，也能够促进社会就业。同时，积极鼓励个人创业，尽快找到一条脱贫致富的道路，圆满完成党中央交付的脱贫攻坚任务，早日实现伟大的中国梦。

支农惠农，重在行动

○ 中国银行间市场交易商协会　程浩

对于从小生长在城市、生活条件优渥的城市孩子来说，“贫困”二字距离我们的生活仿佛很遥远，“扶贫”大多只在电视、广播等媒体报道中看到、听到，却从未亲身经历过。在人民银行等七部门《关于金融助推脱贫攻坚的实施意见》出台将近半年的黄金9月，我们来到了国家级贫困县陕西省铜川市印台区的陈炉镇潘家河村进行扶贫调研，通过两天与当地农户同吃、同住、同劳动，实实在在地感受到了潘家河村质朴热情的民俗民风，也对贫困村艰苦的生产生活状况有了更加深刻的认识。

潘家河村位于陈炉镇政府东13公里处，距离印台区政府24公里，辖4个村民小组（码子、艾家装、潘家河、四合沟），现全村265户，960人，其中贫困家庭29户，共计62人。耕地面积2010亩，主导产业以种植粮食和核桃为主，人均年平均收入4000～5000元。为期两天的调研活动中，我们与村两委班子、贫困户代表、种粮大户等20余人召开了座谈会，调研了4户有代表性的贫困户家庭，实地了解了当地鼎盛煤矿生产经营情况，走访了陕西信用合作社和村金融服务站，并在田间劳作中进一步了解农业生产状况。调研中，潘家河村的几个困难给我留下了深刻的印象。

一是基础设施支撑不够，用水用电困难。在我的印象中，“喝雨水”只存在于西游记的桥段中。而这一场景，却是潘家河村真真切切的生活现状。潘家河村地处黄土高原，地势高、土地厚，打井困难。自1967年泉水被煤矿企业污染以后，当地村民们的生活用水只能全部依赖地窖储存的雨水，称为“窖水”。当地人用最简单的物理沉淀的方式进行雨水分层，脏物质沉淀底层，人们只饮用上层简单“过滤”的水。底层水中红色的小线虫清晰可见，即使是上层的饮用水，也比城市中的自来水更加泛黄、浑浊，卫生条件难以保证。这里气候干燥，降雨较少，雨水储存并不容易，洗手、洗脸用水都要小心翼翼，更不要说洗澡了。对当地村民而言，一周甚至一个月不洗澡再正常不过。此外，由于街道拓宽事项拖延较久，整个村庄的路灯一直没有兴建，夜晚出行伸手不见五指，公共用电问题比较突出。

二是生产生活方式落后，收入提高困难。潘家河村目前的产业格局主要以农业为主，重点依靠玉米、核桃等农作物的种植。受山地地形影响，潘家河村农业生产的规模化、机械化程度较低，大多依靠人工劳作，直接导致农业生产水平低。此外，当地土地肥力较差，人均土地占有量较少，加之缺乏资金、技术支撑和必要的管理人才，种植方式较为粗放，农业产品结构单一，抵御自然灾害的能力较差。拿2016年的核桃收成来说，由于受到虫灾的影响，许多农户种植的核桃上都长出了黑斑，因为没有抗病的技术和措施，核桃价格跌到6角一斤，对于投入三年才结果的农户来说，一亩地一年仅赚500元，甚至无法覆盖前期成本。

三是金融生态环境欠缺，金融助力困难。在当地29家贫困户中，7户农民有产业计划和资金需求。走访中，从事养鸡或养蜂生产的马冬梅、侯忠心、温玉民这3户给我留下了比较深刻的印象。他们都有扩大养殖规模的资金需求，但是，金融对接速度慢、信贷员数量较少、申请手续繁杂等问题，削弱了金融助力扶贫的效果。根据我们对陕西信用合作社的了解，正常贷款手续一般需要一周的时间，但是对于温玉民来说，半年前的贷款申请依然杳无音讯。目前，通过“基层党支部+基层信用社”双基联动评级制度，贫困户最高可以获得财政贴息的上限5万元的信用贷款，但是贷款期限并不能根据农业生产周期灵活调整。加上信用贷款的额度有限，剩余的资金缺口仍依赖于担保，很多农户对此只能望而却步。走访中我们发现，大部分的农户对贷款政策和金融知识了解甚少，闲余资金仅会现金保管或存到银行，几乎没有理财观念和能力。受传统结算观念和网络普及率的影响，农户日常存取款都依靠村金融服务站，非现金支付工具的普及率极低。

总体来看，由于基础设施、生产方式、金融扶持、信息沟通等方面的落后和欠缺，潘家河村的脱贫任务仍然面临较大的挑战。“输血不如造血”，要帮助潘家河村这样的贫困村庄，需要政府、银行、企业、农户共同行动起来，建立多方合作机制，通过完善生产生活基础设施、提高农业生产精细化水平、加强金融知识普及和扶持等措施，多角度、全方位地进行村庄规划和帮扶。

“我的脚下沾有多少泥土，我的心中就沉淀多少真情”，在即将离开潘家河村的前一夜，回想起在这里走访的每一户贫困家庭，听到的每一句朴素话语，看到的每一幕心酸画面，我竟然忍不住落泪。虽说我们待的时间并不久，但是通过两天的调研，我们深切地感受到了贫困家庭的生活现状，体会到了扶贫工作的艰巨性和紧迫性，更感受到了作为人民银行青年干部的责任之重。此次扶贫调研，让我真切地体会到了基层农村生活的不易，也更加懂得珍惜生活。同时，它也时刻提醒着我，在今后的工作中，不唯上、不唯书、只唯实，要以脚踏实地的作风和科学严谨的态度投身于服务金融经济发展的事业中去，为建设“两个一百年”的奋斗目标贡献更多的青春力量！

近距离看乡村

○ 中国银行间市场交易商协会　甘霈原

从小生在城市长在城市的我，过去二十多年的时间里关于乡村生活的记忆仅来自寥寥数次随大人回老家时的走马观花。虽然家里和生活在农村的亲戚一直保持联系，但他们的生活却一直未曾进入过我关注的视野。而贫困、贫困人口、贫困地区、扶贫，这些概念对于我而言只不过是新闻里面的报道，是学校单位组织的种种募捐活动，是希望工程宣传海报中那双充满期待与渴求的大眼睛……此次人民银行机关团委组织的活动令我第一次有机会来到双碑村这个“平凡的世界”，以一个全新的视角去观察生活在这里的人们，近距离去了解他们生活的世界。

双碑村位于宜上线7公里处，辖区有7个自然组，全村共有505户1850人，耕地面积3100亩，以干杂果为主导产业，农业专业合作社2个，全村共有贫困户55户159人（其中低保户31户32人），贫困发生率8.6%。通过与村干部进行座谈，进行一对一入户调研，我开始在脑海中将一个个零星的片断慢慢拼凑起来，直至隐约浮现出村民们生活的图景。

在调研中，给我感触最深的一是农村家庭对于疾病、意外、灾害等意外情况薄弱的抵御能力。在我们的调研对象中，因病、因灾致贫的问题十分突出。虽然双碑店村已部分实现机械化农业生产，但日常生产劳作对于劳动力投入要求较高。同时，外出务工人员一般在乡镇从事技术含量较低的工作，收入微薄，居民普遍无太多积蓄。因此，大部分家庭在此种模式正常运转条件下基本能维持正常生活。然而，一旦突发疾病、灾害，在短时间内无法得到有效解决，将导致家庭丧失主要劳动力从而失去创收能力，并迅速消耗家庭存款，从而使原本尚处正常运转的农村家庭迅速走向贫困。

二是农村居民的思想观念尚存一定局限性，缺乏致富思路。在调研过程中，我们发现了一个很有意思的现象，即在双碑店村，大多数比较富裕的居民或在从事传统农业种植之外发展了养殖业等副业，或在农闲期间外出务工。而尚未丧失劳动能力的贫困户大部分普遍仍从事最传统的玉米种植。我们的判断随后得到了印证，因为一亩小麦的年收入仅为400元，而养殖一头牛所创造的收入则可达到4400元/年。可以说，在目前的经济形势下，解放思想、充分利用有利政策、积极开拓创收途径已成为农民脱贫致富的有效方法。然而，双碑村目前面临的一个主要问题是留守人员文化程度有限，也缺乏致富思路，只能等着政府“输血”，自主脱贫的能动性不高。

三是部分贫困人口脱贫难度较大。在我们的调研对象中，最令我心酸的一幕发生在我们调研的一个五口之家里。在这个家庭中，年迈的双亲长年患病，无法劳作，妻子患有精神方面的疾病，而唯一的儿子也患有先天性的心肌炎，自小体弱多病。而作为家中主要收入来源的丈夫，去年查出罹患黄疸性肝炎，又遭遇了车祸……在这个家徒四壁的家中，面对着一张张淳朴却又粗糙的脸孔，我觉得一切的安慰都显得那样苍白无力，只希望天降奇迹能令这个家庭时来运转。

这也令我深深地感到，我国农村的扶贫工作仍任重道远。

扶贫工作是一个系统工程，不仅要适应现代农村经济发展的需要，解决困难群众生产生活、自身发展的问题，还要适应当前社会形势的发展，让困难群众破除诸多壁垒，更多地享受改革成果。

首先，发展是解决所有问题的关键，也是脱贫奔小康的根本途径。贫困地区应抓住国家产业转型升级的契机，探索发展绿色、环保、生态新兴产业，将产业链连接到贫困群众家庭，以新兴产业的新技能带动贫困群众技术提升和创新。

其次，“授人以鱼不如授人以渔”。贫困地区应做到“输血先输智”：一是提升教育水平，从智慧的源头上摆脱贫困。教育是强国之本，更是摆脱贫困的根本。二是开阔群众视野，培育致富意识，构建致富思维，增强致富本领，形成可持续内在动力。三是带动当地技能培训的发展，开展农业技能和非农技能培训，解决农民不会干和剩余劳动力转移就业的难题，实现人人有一技之长、人人有用武之处。

最后，关键在于转变观念。很多贫困地区穷就穷在观念上，扶贫的关键是改变贫困地区的发展观念，增强农民脱贫致富的主动性和自觉性，让有能力、有意愿脱贫致富的人先发展起来，再把其他农户带动起来。

难忘的扶贫调研

○ 中国银行间市场交易商协会　张亦辰

我于2016年9月24日参加了人民银行组织的“根在基层——贫困村里话扶贫”调研实践活动。通过本次调研活动，我第一次亲密接触了农村的贫困户，我也第一次到农村去与农民同吃同住，体验他们的生活。通过调研，我发现生活在中国最底层的他们并没有被贫穷和疾病所压垮，他们仍然对生活充满了热情和希望。看着他们一张张可爱的笑容和艰苦的生活环境，我不禁感慨扶贫的重要性，扶贫仍然在路上。

我与其他五位同事被安排在印台区陈炉乡双碑村进行此次调研活动。我们一上来就通过两次座谈会，与村里的支部书记、村主任和镇长进行了沟通，了解了双碑村的详细情况。双碑村目前拥有居民465户，村中被分为7个小组，总共拥有18500名农民。这其中有贫困户55户，共159人。村中主要以养殖业为主，种植的主要农作物为麦子和玉米，现在也引进了核桃。村中这几年的工作重点就是围绕陈炉古镇，建造新型特色街区并将村民全部安置在新街区，形成全方位的旅游产业，而现在的双碑村则会变成陶瓷工业园区。村长提出了短、中、长期的扶贫计划，短期为建立金垛合作社，可以做劳务派遣，签署用工派遣协议；中期计划为种小麦，特别是铜麦6号；长期计划是种植核桃。通过与几位领导沟通我们还得知，贫困户村民对于贷款存在胆怯的心理，怕还不了，对于保险等金融产品存在严重的误区。针对这种情况，我们小组提出了一系列建议和措施。最主要的就是帮助村民对贷款和保险有一个比较正确的认识，这就需要正确的宣传和指引，其次是要将合作社形成规模，利用合作社中相互帮助的机制和党员先进带头的作用，将扶贫的利好政策真正落实到实处。

紧接着我们小组分成两小队，开始实地调研农户。我所在的小队总共调研了两个贫困户和一个富裕户。其中一个贫困户让我印象非常深刻。他是一位养猪的农户，姓高，由于车祸，治疗腿伤花费了6万元。这笔沉重的医疗费用使得高叔积蓄全无，步入贫困户的行列。但是他却非常有经济头脑，利用扶贫政策，免息贷款了5万元，又从朋友那儿借了5万元，用总共10万元建造了养猪的养殖场和设备，恢复了生产。但是出于对搬迁政策的考虑，他并没有继续扩大生产。同时，另一个制约他不能继续扩大生产的原因就是贷款的额度太少。我们从三家贫困户所填的调查问卷中，可以明显分析出目前贫困地区金融服务还有哪些欠缺的地方。首先是贷款的额度问题。高叔表示他与信用社多次沟通，本希望贷款20万元建设养猪场，不料最后真正批下来的贷款只有5万元。其次是贷款的期限问题，养猪行业是3年一个周期，也就是如果从头开始需要3年才能得到收益，而目前对于贫困户的贷款只有1年期限，严重影响了与产业的匹配程度。最后是贷款的执行问题，有贫困户反映2015年9月就开始办扶贫贷款的手续，结果到2016年5月才拿到贷款，进而严重影响了村民的生产计划。

在调研的同时，除了与他们沟通实际的扶贫政策执行情况之外，我深深地被他们那种朴实乐观的心态所感动。对于每一个村民来说，只要我们表达出了我们的善意和目的，他们都积极配合我们的工作，并且在沟通时，还会时不时分享自己对于精准扶贫的一些看法。贫困户虽然经济能力不强，但是他们热情好客，风趣幽默，还邀请我们去家中做客，为我们介绍当地的特产。高叔虽面临种种困难，却依然对我们热情洋溢，与我们亲切地聊天，讲述自己千辛万苦把孩子带大，老了以后一犯病就会一段时间失去意识。在病魔与贫穷面前，他们是那么坚强和伟大，他们用淳朴善良的性格去对待生活，即使生活给了他们太多的苦难和不堪，他们依然没有被压垮，依然用自己的方式与态度去努力活着。这顽强的生命力，足以震撼我心。

贫困村里话扶贫，忘不了双碑村领导班子们的兢兢业业，忘不了农民们那种淳朴与善良，更忘不了贫困户们对于生活的顽强与笑容。

全心奉献的领路人

——贫困村里话扶贫

○ 中国银行间市场交易商协会 肖真妮

微雨的清晨，人民银行机关团委2016年青年干部培训班最后一次在照金书院集合，之后学员便分组登上中巴车，奔赴各自的扶贫调研对口村。

我们四排三班的目的地是铜川市印台区陈炉镇双碑村，去之前铜川市中支的同事向我们介绍了大概情况：铜川辖有三区一县，除王益区外，其他区县均属贫困区县，贫困区县的所有下属村镇均为贫困镇、贫困村。双碑村地属贫困区印台区，故也被划为贫困村。

两天的时间，我们在村委会干部的帮助下，开展了包括座谈会、入户访谈、实地走访等系列调研活动。两天里，难忘的经历数不胜数：第一次尝到只有双碑村才长的野菜龙柏杨；在群众广场跟当地的阿姨学跳舞；在田间帮助平日里在外务工的大叔收玉米、摘辣椒；在满天星河的夜里，踏着村道听村主任讲村里的往事……双碑村带给我们的除了新鲜，还有惊喜。村里早就实现了机械化种植，耕地、播种全都依靠机器实现；主要道路均已硬化，铺上了水泥，路边整整齐齐地架设了路灯；村民出行方式非常丰富，有私家车、摩托车，还有“村村通”小巴士；村里每年都会举办一次免费的全面体检；基本每户村民都用上了手机，村民们可以在双碑村的微信群里查看近期消息，参与村务讨论……如此欣欣向荣的景象是超出我的预期的，一位村民的话也许可以概括这背后的原因——“希望他俩可以一直干下去”，这是一位普通村民对现任的村支书和村主任最为朴实的肯定。

村支书姓高，经常穿着深色的西装，高大削瘦，不苟言笑；村主任姓郭，中等身材，戴着金边眼镜，白皙发红的脸上总是洋溢着笑容。他们俩有一个共同点：每天都会在胸前最显眼的位置上，别上耀眼的党徽。作为广大农村基层干部中的典型，他们具有许多令人动容的优秀品质。

首先，他们了解政策、有力落实。双碑村划分为7个村民小组，共有村民400余户，1850人，人均年收入逾万元，收入位列周边村子前列，但村中仍有贫困户50余户。贫困户中，超过50%是家中主要劳动力伤残、疾病所致，其他则是缺乏技术和资金，依靠种地的微薄收入仅能维持温饱。对此，村干部结合国家政策，从三个方面研究制订了扶贫方案：一是提高长期“造血”能力，依托陈炉古镇旅游资源，在双碑村建成配套特色旅游街，将旅游业作为当地支柱产业，为贫困户提供搬迁补助，帮助他们在旅游区发展生意，或通过旅游公司形式进行分红补贴；二是提高短期“造血”能力，制订旅游业发展壮大之前的短中长期脱贫方案，牵头设立村内的种植、养殖合作社，以能人带动、统一配种、统一销售的方式，为贫困户解决生产资料、生产技术和销售渠道的问题，同时，落实精准扶贫政策，为符合条件的贫困户提供贴息贷款，为生产创造条件；三是持续“输血”，对于丧失劳动能力的贫困户，村里积极走访，了解详细情况，建档立卡，帮扶结对承包到人，确保每一户都能达到基本生活标准。连镇长也忍不住夸奖："双碑村的村委会是最踏实肯干的，什么政策都能在他们这先落实、推广。"

其次，他们能细致体察村民需求。书记和村主任能够说出每一户村民家里的基本情况，真正做到了用脚步来丈量民情。在村委会的推动下，村里落实了一系列惠民举措：建立双碑村幸福院、婆媳澡堂，照顾空巢老人的生活起居；搭建村民大舞台，举办文艺活动，丰富村民空闲生活；申请搬迁补助，将七组的所有居民迁离碎石场，远离了恶劣的生存环境；与医疗机构联络，为村民举办免费的全面体检……有这样时时为村民考虑、时时能够接受民意倾诉的村干部，双碑村的村民能够时时感受到来自"大家庭"的温暖。

然而，他们面临的压力也是超乎常人的。因为双碑村基础打得好，高书记2016年作为陈炉镇18个村的代表进行了脱贫承诺，2016年底实现完全脱贫，而他自己也说，"所有的政策、目标最后都要落到基层来"。作为脱贫攻坚战的最后一站，农村里的关系协调、利益平衡又是千头万绪，他俩只能全心扑在村务中，过着"5+2""白加黑"的生活。我们住在村委会的两天里，深夜仍听见他们在隔壁办公室讨论工作。村主任为村里人争取到了免费体检，却对自己说："等忙过这几年，我也得去体检了。"

因为热爱，才得以继续奋斗。郭主任非常健谈，他说到秦腔、当地特色食品、旅游资源时，会像个孩子一样，因为自豪而涨红了脸，谈到双碑村的未来，他的眼里满是期望和坚定，笑声爽朗。虽然我已经回到北京，回到自己的岗位，但他们凌晨从村委会步行回家的背影仍在脑海中挥之不去。是的，中国广袤的农村中，有千千万万他们这样心系热土、甘于奉献、着力实践的领路人，正因为有了他们，我相信，到达“社会主义新农村”彼岸的那一天并不遥远。

双碑村扶贫调研感想

○ 中国银行间市场交易商协会　钟栋华

双碑村位于陕西省铜川市陈炉古镇以西7公里，因村头两块碑文而得名。据说碑文记载的是清朝乾隆年间名宦崔乃镛的生平大事。当我从车上下来，脚踏上这片黄土地的时候，内心还是充满欣喜和探知欲的，因为对陕西农村的生活并未有过任何了解，所有的印象都停留在文学和影视作品中，还有那悠长而高昂的信天游。这次人民银行组织的“重温红色记忆·筑梦青春央行”青年干部主题学习实践活动，让我有这个机缘和荣幸能在双碑村体验生活。以下我将分乡土生活、调研情况及收获和感想三部分谈谈我这次的双碑村之行。

一、乡土生活

我们一行六人都被安排在双碑村居委会的办公房间住宿。居委会是一个封闭式的空地加U形楼结构，功能设施多元化。正对大门的二层楼承担着村长办公室、村书记办公室、警务室还有各种会议室的办公功能。在进大门左手边还有个多功能舞台，表演用的音箱、灯具一应俱全，舞台的地面又划了各种线，还可以作为羽毛球场地使用，紧挨着舞台还设有食堂、澡堂、阅览室、电子阅读室。从以上布置也可看出，居委会是挖空心思想给村民提供多元化的文娱体验及生活方式。但经过之后的了解，我们发现实施起来并不是很圆满。例如电子阅览室，里面的电脑和键盘都像是新的，由于文化水平的差异，并没有人来使用。又如澡堂是有使用限制的，因为村里的水资源是十分宝贵的，只有儿媳妇带着婆婆同时来才可以洗澡，算是儿媳妇对婆婆行孝的形式。我们在这生活也特别不适应，主要是厕所的环境相对来说还是比较脏乱。村里的伙食也比较清淡，主要以面食和蔬菜为主，很少见到肉食。我们虽说是来村里与村民同吃、同住、同劳动，但相信村里给我们提供的居住环境和伙食应该在村里算比较好的水平了。出了居委会的大门，走过马路，对面就是开阔的黄土高原，每天我都喜欢站在麦田边上，眺望着远方，这种壮丽的景色是在城市生活的我们永远无法感受到的。

二、调研情况

我们一行六人分为两组，每组对三家农户进行问卷调研，主要涉及农民的家庭成员、收入、对扶贫政策的了解及金融服务的使用情况。我们这组调研的三户都比较有代表性。第一户的户主是一位制作陶艺的手艺人，算是村里的富裕户，单靠自己一个人家庭作坊式的制作能给家里创收20万～30万元。他对自己的现状很满意，觉得不需要银行贷款，通过自己的手艺足够生活了。并且他认为双碑村富裕起来的关键还是需要村里有龙头支柱产业，这个才是根本性因素，各项扶贫政策都是治标不治本的形式。第二户是贫困户，户主是一位大爷，他因身患癌症致四肢无力丧失劳动能力，并且有一个失聪的女儿，大妈干些农活，该户基本上毫无创收能力。他们唯一的盼头是希望村里或镇里能多给补助，靠补助生活。第三户也是贫困户，男方在外打工，但因腿伤丧失了大部分劳动能力，并不能靠长期打工为家庭创造收入，女方在家带孩子兼干农活和养鸡。该户2015年向镇上的农村信用社贷了2万元，因是贫困户，享受两年免息的优惠。他们对金融服务并无太多概念，只是一味地希望政府或金融机构能长期提供贷款，时间越长越好，利息越低越好。

三、收获和感想

通过上述的调研及在双碑村两天的生活，我的一个感想是扶贫之路还很漫长。村民两极分化的情况比较严重，越是富裕户越有想法，越勤劳地去为自己的生活、为家庭打拼。贫困户很多情况下是被动地等待救助，或者机械地去听从或模仿他人尝试脱贫，缺乏主动性。全家都没创收能力的家庭只能眼巴巴地等待别人的救助。村领导和镇上市里的领导都想大力推进陶艺生产的工业园区及陈炉古镇的旅游产业，或许这是一条带领村民根本脱贫之路。这两天对于我来说也是收获满满，体验了陕西农村生活的不易，感受到村民们面朝黄土背朝天的无奈，当我们在给村民填写一帮一建档卡时，填写一亩麦田年收入才400元时，心里真的是感慨万千。希望生活在这片壮丽土地上的农民生活越来越好！

良知、责任、发展

○ 中国支付清算协会　吴慧恬

“为天地立心，为生民立命，为往圣继绝学，为万世开太平”，这是北宋张载给读书人提出的理想。与之相比，在今天这个知识爆炸、教育普及的时代，读书人已经不再罕见。然而，部分读书人的良知、坚守却在慢慢地消退。近日，在参加了“根在基层——贫困村里话扶贫”调研实践活动，在与孙家砭村群众同吃同住同劳动、倾听原汁原味的声音和感受以后，我深有感触。

金融扶贫，精准为重。到一线调研，那些弱势群体的生活确实给了我很大的震动，贫困户那期盼的目光、无助的眼神让我觉得，我们这些有学历、有理想、生活条件比较优越又掌握一定资金和资源的人确实应该给他们一些切实的帮助。当前，国家出台了金融扶贫政策，在扎实开展工作的同时，也确实给了贫困人员一些帮助。但是，每个贫困户家庭的状况不一，需要我们详细地考察贫困户家庭及人员的综合情况和致贫原因。有句俗语说得好，“救急不救穷”，山区贫困人口形成的原因有很多，除了原本经济基础差以外，还有因病痛、残疾、失去或缺少劳动能力等原因致贫的，但也有少数因为惰性、不愿从事劳动致贫的。因此，对于金融扶贫工作应该重在精准，针对扶贫项目、扶贫人员的具体情况，要“输血”，更要“造血”。对因病残导致丧失劳动力的贫困户，应以“输血式”扶贫为主。对想通过劳动脱贫的贫困户，更应大力支持，以“造血式”扶贫为主。对于自身存在惰性，想单纯通过争取扶贫资金脱贫的，应先帮他们解决思想上的问题，再给予资金支持。同时，要大力引导山区群众了解金融扶贫政策，学习金融知识及相关专业技术，为他们发展致富项目降低不必要的资金使用成本和损失。通过普惠金融和深化精准扶贫措施，为贫困户及时提供资金支持，更具有扶贫的实际意义。

金融便民，风险为重。当前，普惠金融成为各大银行和金融机构提高自身竞争能力的有力措施，农村基层网点、金融便捷工具、第三方支付平台等新兴金融业务正在大力拓展。从山区群众的回馈来看，他们对金融扶贫政策非常欢迎，也能积极主动地去了解和学习。但是，山区群众的风险意识还较低，抗风险能力还处于较低水平。在调研活动中，我发现很多群众对于ATM使用较了解，但对城市中已经非常普及的离柜金融服务及支付工具（如网络银行、手机银行、移动支付等）的了解还处于空白状态。而现在一些不法分子在城市居民的金融知识不断丰富、防风险能力不断提高以后，开始把诈骗的矛头指向农村和偏远山区，在花样多变的手段和处处暗藏的玄机面前，山区群众很容易上当受骗，使本来就拮据的生活雪上加霜。因此，我们应该在普及金融知识上多下工夫，多研究、策划一些山区群众愿意参与、弄得明白的宣讲方式和方法，有效提高他们的金融风险识别能力和自我保护意识。只有这样，才能不断优化山区的金融生态环境，帮助山区群众更好地脱贫致富。

金融发展，良知为重。之所以这么说，是因为以利润和效益为重的金融机构对扶贫贷款的分配有失偏颇。扶贫贷款规定发放的形式主要有两种：一种是到户的小额扶贫贷款，另一种是发放给龙头企业以及基础设施建设的扶贫贷款。据了解，孙家砭村唯一的一家金融机构对企业等贷款投入风险较低的项目，放款较多且快；而对于贷款投入风险较高的贫困户，所设贷款门槛高、条件多，审核和放款时间长，导致山区贫困户大多无法得到有效的扶贫资金支持，无法脱贫，更无法实现致富奔小康，同时，也拉大了山区的贫富差距，使和谐社会建设受到一定影响。要想改变这种现象，除了要加大精准扶贫制度建设力度、建立长效跟踪管理机制等，还应对金融机构工作人员的职业道德、价值判断提出更高的要求。当前，金融改革的一个重要方面就是要加强金融机构工作人员的职业道德建设，用对社会进步负责、对扶贫政策精准落实负责的良知来杜绝工作中的偏颇，将扶贫工作做扎实，为山区群众提供更加优质的金融服务。

“一事专注，便是动人；一生坚守，便是深邃。”既然选择了金融这个行业，我们便要用自己的良知、责任，更好地服务群众脱贫致富，切实落实国家扶贫政策，在扎实工作中实现自己的人生价值。

潘家河村“我为扶贫献一策”座谈会会议纪要

○ 中国银行间市场交易商协会　余聪　程浩　袁雅存　张嘉洋

近年来，国家高度重视金融扶贫工作，不断创新和改进金融扶贫工作服务模式和服务方式，以“精准扶贫、精准脱贫”为基本方略，推动贫困地区经济发展。为了进一步做好定点扶贫工作，在人民银行机关团委的组织下，我们一行四人来到了陕西省铜川市印台区陈炉镇潘家河村，对精准扶贫的相关情况进行走访和调研。在此期间，我们组织村委会、贫困户、种植大户等农民代表20余人召开村民代表座谈会，详细讨论了当地贫困的基本情况和金融扶贫的政策意见，现将相关工作汇报如下。

一、潘家河村基本情况介绍

潘家河村位于陈炉镇政府东13公里处的山峦地带，距印台区政府24公里，交通便利程度相对较低。潘家河下辖四个村民小组，分别为码子、艾家庄、潘家河、四合沟，现全村265户，960口人，耕地面积2010亩，主导产业以种植粮食和核桃为主。全村共有贫困户29户，共计62人。其中，低保户4户，共6人；一般贫困户18户，共49人；五保户7户，共

7人。贫困残疾户6户，共9人。贫困发生率6.5%，疾病、残疾、年迈等为主要致贫原因。

二、导致贫困的主要原因

（一）人口结构不均，教育医疗缺乏

在村民代表座谈会上，我们对该村的人口结构、教育情况、医疗情况、产业结构以及金融服务情况进行了了解。人口构成方面，村内人口老龄化情况及人口流失情况较为严重，960口村民中，常住人口只有不到400人，且留守者主要为老年人，劳动能力低下，大多数青壮年均外出打工谋生，只有过年时才回村子里住几天。

教育方面，村里没有学校，学生均在市里上学。以前也有学校，但由于学生少、老师未尽心管理等原因，学生流失严重，后来即取消。但同时，由于多数孩子均选择在市里上学，也给家庭带来了较重的负担。村民受教育程度也普遍较低，大多数留守老人只有小学学历，部分村民甚至从未接受过教育，外出打工的青壮年以初高中学历为主，但也只能做一些劳动量较大的重复性工作，整体受教育程度低在相当程度上导致了潘家河村的贫困。

医疗方面，村内医疗人手严重短缺，整个村子只有一名赤脚医生，常备一些治疗感冒发烧等常见病症的药品到村民家中为村民就诊，若病情较为严重，只能送往镇上定点机构就医，而医疗知识的缺乏和交通的不便利极易延误病情，医疗环境严重堪忧。

（二）产业构成单一，自然灾害频发

产业结构方面，整个村子产业单一薄弱，村民主要收入来源于农业，靠种粮食和核桃为生；靠天吃饭比较严重，

当大风、雨水、病虫等自然灾害来临时，很难规避自然灾害的风险，有的年头甚至完全没有收益，只能自给自足。部分村民家中发展养蜂业、养鸡业，但因整体资金不足，普遍规模较小，仅能在家中养殖获取基本的生活需要，急需通过贷款等形式扩大生产规模。邻村有3家小型私营煤炭企业，目前只有1家在开工，十来个村民去邻村打工，虽然工作性质危险且收入微薄，但在闭塞的山村中却是一部分家庭的主要收入来源。山间煤炭的开采间接带动了物流、木材加工等产业，为部分村民提供了一些就业岗位。单一的产业结构决定了村民对金融服务需求的匮乏。

（三）交通通信困难，生产方式落后

潘家河村目前的产业格局主要以农业为主，重点依靠玉米、核桃等农作物的种植。受山地地形影响，潘家河村农业生产的规模化、机械化程度较低，大多依靠人工劳作，直接导致农业生产水平低。此外，当地土地肥力较差，人均土地占有量较少，加之缺乏资金、技术支撑和必要的管理人才，种植方式较为粗放，农业产品结构单一，抵御自然灾害的能力较差。拿2016年的核桃收成来说，由于受到虫灾的影响，许多农户种植的核桃上都长出了黑斑，因为没有抗病的技术和措施，一斤核桃价格跌到6角一斤，对于投入三年才结果的农户来说，一亩地一年仅赚500元，甚至无法覆盖前期成本。

（四）金融环境欠缺，政策助力困难

在当地29户贫困户中，7户农民有产业计划和资金需求，包括从事养鸡或养蜂生产的温玉民等3户贫困家庭。他们都有扩大养殖规模的资金需求，但是，金融对接速度慢、信贷员数量较少、申请手续繁杂等问题，削弱了金融助力扶贫的效果。根据我们对陕西信用合作社的了解，正常贷款手续一般需要一周的时间，但是对于温玉民来说，半年前的贷款申请依然杳无音讯，说明扶贫贷款的手续还有待完善和健全。在目前双基联动评级制度下，贫困户最高可以获得财政贴息的上限5万元的信用贷款，但是贷款期限并不能根据农业生产周期灵活调整，加上信用贷款的额度有限，剩余的资金缺口仍依赖于担保，很多农户对此只能望而却步。

三、金融扶贫政策和建议

（一）精准扶贫政策，助力农户脱贫

在国家精准扶贫的政策背景下，铜川市印台区民政局印发了《印台区民政局脱贫攻坚工作实施方案》，结合《社会救助暂行办法》《农村五保供养条例》等相关社会保障政策文件，精确认定兜底保障对象，保障农村居民的最低生活标准，人均保障每月150元。在农民最低生活标准得到保障的前提下，铜川市财政局、扶贫局等多个部门联合发文鼓励以项目扶持方式推进产业精准扶贫，与建档立卡贫困户建立紧密稳定的利益联合机制，增加贫困户收入。包括贴息扶持，申请最大额度为5万元的期限在3年以内的小额贷款，财政全部予以贴息；流动资金贷款贴息，每年不超过20万元。此外，人社局还对建档立卡贫困户开展免费技能培训，大力开展创业培训，出台创业资金向贫困地区倾斜等多项政策。

（二）开展招商引资，带动产业发展

在座谈会上，很多村民对未来的生活充满了希冀，对改善现有的生活环境有一定的期待，表示希望采取一些行动，使当前的生存生活状况有所改观。一是加强交通及水利等基础设施建设，为将来更好地发展产业提供便利的条件；二是

进行招商引资，发展旅游、中药材等产业，充分利用山脉地形和气候，促进多产业发展；三是邀请高校学者专家来村里调研，针对本村制订一个整体、科学的发展规划，以便能够长期发展；四是希望能够减少农户获取资金的限制，让有发展产业意愿的农户能够获得相关优惠政策，通过发展产业从而带动当地经济发展；五是希望能够多在村中进行金融产品、工具的普及，开发针对农村的相关金融产品，方便把农村的特色产品销售到城市里去，为将来农村的经济发展奠定坚实的基础。

（三）发展种植养殖大户，带动当地产业发展

座谈会上，大家畅所欲言，为村里的脱贫攻坚建言献策。发展种植养殖大户是大家都比较认同的方法，这是由当地的自然环境和经济基础决定的。潘家河村地处偏远，依靠着秦岭山脉，雨水较为充沛，环境相对湿润，山里种植核桃和大麦较多，而前期由于管理不善，大量的苹果树被砍伐，短期内难以恢复，因此种植核桃成为当地的核心产业。养殖方面，养鸡、鹅、蜜蜂的农户也有一些，但目前的规模都相对较小，有进一步扩大的空间。村民建议，如果加大对种植养殖大户的培养和扶持，随着规模的不断扩大，运输、餐饮、零售等一大批服务行业都将随之兴起，带动当地第三产业的发展，极大地提高当地的消费水平，促进潘家河村的经济发展。

综上所述，精准扶贫工作在潘家河村取得了一定的成效，但还是没有完全解决当地贫穷落后的面貌。受当地地理环境、人口结构、教育医疗等因素的影响，短期内脱贫攻坚存在一定的困难，但是当地村民们对未来充满了希望，在党和国家扶贫政策的支持下，提出了各种脱贫致富的方法和设

计。同时，潘家河村的经验也告诉大家，各地扶贫政策应该根据当地实际情况因地制宜，不可一概而论，扶贫工作任重而道远。

关于赴武家塬村开展精准扶贫情况的报告

○ 王金明　赵春阳　乔若轩　冯于珂

2015年11月，中共中央、国务院颁布《中共中央　国务院关于打赢脱贫攻坚战的决定》（中发〔2015〕34号）。2016年3月，中国人民银行等七部门联合印发《关于金融助推脱贫攻坚的实施意见》（银发〔2016〕84号）。同月，人民银行印发《中国人民银行关于开办扶贫再贷款业务的通知》（银发〔2016〕91号）。为深入贯彻落实以上文件精神，了解人民银行定点扶贫开发工作进展，2016年9月24日，人民银行总行机关团委组织总行机关及直属企事业单位部分青年干部分组进驻陕西省铜川市宜君县和印台区12个定点扶贫示范村，开展为期两天的“根在基层——贫困村里话扶贫”调研活动。我们组调研地点为位于宜君县彭镇的武家塬村。此次调研通过深入贫困居民家中进行金融扶贫问卷调查、宣传金融知识，与村内党员干部面对面座谈，参与村民田间劳作等方式，实地了解该地区贫困农民的生活现状，倾听贫困农民的金融服务需求，认识当前金融扶贫工作开展的难点和障碍，进而尝试在已有政策和项目的基础上提出意见和建议。现将调研结果汇报如下。

一、调研背景

（一）铜川市基本情况

铜川市位于陕西省中部，地处关中平原向陕北黄土高原过渡地带，距西安市区仅68公里。现辖3区1县，总面积3882平方公里。常住人口84万人，其中农业人口39万人。2015年该市实现生产总值324.54亿元，剔除价格因素比上年增长8.8%；全年实现农林牧渔业增加值23.67亿元，增长5.2%。全市共有银行业金融机构12家，营业网点153家。2016年上半年，全市实现生产总值134.31亿元，同比增长7.3%；农林牧渔业增加值增长3.1%。

2014年，铜川市被人民银行总行确定为全国唯一扶贫开发金融服务工作联系点，以及全国唯一的“金惠工程”重点推广区。

（二）宜君县及其金融扶贫工作推进情况

宜君县位于铜川市北部，既因宜君水而得名，又因适宜君王避暑而获称。县域总面积1531平方公里，辖6镇1乡、178个行政村，总人口约10万人，其中农业人口7.9万人。2016年上半年，宜君县完成地区生产总值11.56亿元，同比增长9.50%。

2002年，人民银行总行将宜君县和印台区确定为定点扶贫区县，高度重视宜君县的扶贫开发工作，十余年来先后多次到宜君县调研指导、实地推动，投入扶贫资金，发放支农再贷款，通过支持产业发展、开展技术培训、资助贫困农户等方式，积极改善宜君县贫困地区群众生产生活条件。随着宜君县整体经济水平逐渐提高，涉农金融服务工作不断深入，开展普惠金融试点的基础条件逐渐具备。

2016年4月28日，人民银行总行正式确立宜君县为农村普惠金融综合示范区试点，宜君县成为全国首个县级普惠金融综合示范区。5月12日，人民银行总行制订并印发了《陕西省铜川市宜君县农村普惠金融示范区试点方案》，提出了构建满足需求的普惠金融服务体系、打造普惠金融教育体系、建设便捷高效的金融基础设施体系以及加强领导保障四个方面12项改革任务。6月28日，人民银行铜川市中支与宜君县政府签署《铜川市宜君县农村普惠金融综合示范区试点建设战略合作协议》，标志着宜君县农村普惠金融综合示范区试点建设工作全面启动。

在建设示范区的过程中，宜君县政府成立了普惠金融工作办公室，从多个方面加大对金融扶贫工作的支持力度。一是协调引导金融机构与行政村共建金融综合服务站、惠农支付服务点等，提高弱势群体获得金融服务的便捷性。二是引导涉农金融机构结合农时设计贷款产品，根据农业生产周期合理设定还款期限，利用政府担保、扩大抵押范围、推广贷款保险等多种手段缓解“三农”和小微企业融资难等问题。三是推动农村信用体系建设，与人民银行共同建设农户综合信用信息中心，搭建信用信息共享平台，开展信用等级评定工作，探索开展失信贫困户信用重建，营造良好金融生态环境。四是建立普惠金融教育培训基地，并拓展基地数量，提升农户的金融素养。五是发展“互联网+现代农业”，建设农产品电商综合站点，引入阿里巴巴、蚂蚁金服等平台为农产品量身定做网络销售体系，用金融助推现代农业发展。

随着金融扶贫工作的深入推进，宜君县已实现了由定点扶贫向全域扶贫的转变，由传统的项目扶贫向产业扶贫的转变，由“输血”式扶贫向“造血”式扶贫的转变。

（三）武家塬村基本情况

武家塬村隶属宜君县彭镇，南距铜川市51公里，北距延安市170公里。村庄紧靠210国道，距离最近的宜君县和黄陵县各20公里，交通便利。下辖2个自然村组——武家塬组和陈家洼组，分别位于210国道东、西两侧。该村地形以塬和川道为主，辖区面积共计4.0平方公里，是当地规模较大的行政村。目前共有134户，530口人。

武家塬村产业结构单一，主要种植作物有玉米和苹果。其中玉米为当地传统农作物，村内种植面积达1956亩，单位面积收入较低；苹果是该村近年来主要发展的经济作物，但受地形地势和培育时间限制，目前种植面积有限，全村共524亩。同时，村内另有核桃树2589株，非居民主要生活来源。

2015年，武家塬村“精准扶贫建档立卡”工作共识别贫困户24户81人，其中特困户2户5人，低保贫困户8户24人，一般贫困户16户57人，贫困发生率为16.13%。为落实铜川市政府《关于打赢脱贫攻坚战如期实现脱贫摘帽目标的意见》，武家塬村计划2016年脱贫11户44人，2017年脱贫8户25人，2018年脱贫5户12人。

2015年8月，人民银行总行派青年干部栾春许到武家塬村担任第一书记。2016年2月，人民银行铜川市中支制订《精准帮扶武家塬村工作三年规划方案》，开展“一帮一”结对帮扶工作。

二、入户调研基本情况

（一）经济结构单一，收入水平受限

武家塬村经济来源以农业为主，经济作物为玉米、

苹果、核桃三种，收入主要从直接向外部地区销售农产品获得。武家塬村玉米亩产1000～1500斤，玉米售价每斤0.5～0.8元，每亩玉米收入600～800元；苹果种植效益较高，除去化肥、农药、人工等开支，每亩能收入约1万元；核桃为近期开始种植的作物，还未形成规模。苹果种植2～3年后才能结果，种植中对剪枝、灌溉、采摘、防寒防虫害等环节的技术有一定要求，需要一定的经验才能保证收益，因此在贫困户中苹果种植的比例极低，绝大部分贫困户主要收入来源是种植玉米。贫困户平均每户的耕地面积较少，大部分贫困户耕地面积少于10亩，种植玉米所获得的收入有限。贫困户家中的家庭成员以老人为主，年轻子女多选择外出务工，缺少青壮年劳动力使得贫困户无法扩大种植面积。

为提高农产品收入，武家塬村已经开展了一系列积极的尝试。武家塬村所在的宜君县有当地的核桃饮品生产厂家，通过该厂，武家塬村的核桃销售规模及销售收入相较于直接向外部地区销售会有较大提高，能为村中核桃种植户提供一定的经济收入。武家塬村建立了互联网销售平台，村民可以直接将苹果、核桃等农产品卖给消费者，减少了中间商环节，提高了销售价格，扩大了销售规模。武家塬村也积极发展农业相关产品，经多方努力，目前已经启动了玉米秸秆饲料加工厂项目，可将玉米秸秆粉碎加工成饲料销售到甘肃等牲畜养殖地区，该项目的投产将改善当地经济结构单一的情况，贫困户也可以通过资金入股或获取劳务报酬等方式，提高自身收入水平。

（二）抗风险能力较差

由于农业生产的自然风险、市场风险始终存在，农村社会保障体系、金融服务体系不完善，难以应对自然灾害导致种植收成减少或疾病、事故等大额支出，因此因灾、因病等返贫的情况时有发生。

收入方面，农产品销售收入受降水、灾害等多方面影响，存在一定波动。如2015年7月宜君全县发生冰雹灾害，苹果大量减产，加之苹果质量下降价格低，导致果农收入只有上年的三分之一左右。玉米单位面积收益低，仅为相同面积苹果收益的约十分之一；玉米的收购价格波动也较大，如2015年受雹灾影响，玉米价格约为上年的一半，影响村民特别是贫困户的收入。为稳定农产品销售价格，可以建立储藏仓库，但苹果果库等基础设施建设投入较大，一次投入需要几十万元至上百万元，村民很难负担；为减少自然灾害带来的影响，可以进行投保，但当地农业保险的保障效果不理想，有村民在苹果园遭受冰雹灾害后获得的赔付仅为每亩数百元，远远无法覆盖其损失。

支出方面，贫困户普遍无储蓄，一旦发生大额支出便面临极大的生活压力。调研中某贫困户家中依靠种植玉米为生，玉米地面积6亩，年收入不足1万元，该贫困户患有心肌梗塞，除去新型农村合作医疗项目所报销的治疗费用外，每年还需自行支出2000多元，是典型的因病致贫的例子。又如某贫困户二儿子外出务工发生交通事故，除去对方赔付的治疗费用外仍存在10万余元的缺口，不得不向银行贷款，每年向银行支付本金和利息给他们带来了极大的负担。

（三）资金需求较难获得满足的情况正面临改善

当地农民获得资金的主要渠道为银行贷款和向亲戚朋友借贷，其中亲戚朋友借贷利率低，很多借贷甚至是零利息的，但村民收入普遍不高，能够借到的资金量较为有限。调研发现，通过亲戚朋友借贷的金额多在1万元以内，大额资金仍然需要依靠银行贷款来获得。

村民贷款主要面临缺乏抵押物和贷款成本高这两个问题。贫困户拥有的房屋、耕地、农作物等对银行来说处置困难，难以在贷款违约时变现偿还贷款，贫困户又普遍缺少可以作为担保人的亲戚朋友，因此难以从银行获得贷款。即使获得了贷款，贷款利率也较高，在10%左右，每年向银行支付本息也是沉重的负担。

有赖于近年来的金融扶贫政策和各类资源的倾斜，贫困户资金需求难以获得满足的情况已经有了较大改善。目前，绝大部分贫困户都了解到了金融机构给予他们低息、无息贷款的优惠政策，部分贫困户已经将自己原来利率10%的贷款转为了无息贷款，极大地减轻了还款压力。调研中，大部分贫困户都表示希望能获得无息贷款，期望的贷款金额多在3万元以内，资金主要用途为购买农具、扩大生产、应对突发状况等。为解决农村贷款无抵押的问题，当地金融机构也在积极推行农村信用体系建设，对信用等级良好的村民可以为其提供无抵押贷款，目前第一批信用等级评定工作已经完成，不久之后就可以利用信用评级发放贷款。

三、相关政策建议

武家塬村的情况只是贫困地区的一个缩影，但是反映出来的很多问题却具有普遍性。在武家塬村，我们看到了贫困地区群众生产生活困难各种不同的表现方式，我们认为，对于这些状况，应该采取系统性、多层次、多方式、有针对性的精准扶贫措施，点、线、面结合，只有这样，扶贫才能精准，扶贫才能有作用，扶贫才能有效率。

通过对武家塬村及宜君县、铜川市贫困状况的整理、分析和总结，我们研究提出了一些措施，或能为精准扶贫的有效实施提供一些参考：

一是继续坚定不移地支持农村基础设施建设。针对武家塬村吃水问题，村委会联系人民银行扶贫专项资金30余万元，以及县水务局管网建设项目资金20余万元，开始了武家塬村饮水工程的实施工作。目前，工程已经完成机井、水塔建设，管网建设正在进行。工程完成后，水井将由专人管理，饮水直接到户，村民将彻底告别吃水难的现状。武家塬村的吃水问题具有普遍性，据我们了解，宜君县、印台区、耀州区很多村镇都存在饮水难、用水难的问题，吃水问题不解决，农民的基本生活都保障不了，更遑论发展产业、带动增收了。我们在调研中还发现，即使是这一类民生保障工程，有的时候也必须要“争资金”“抢项目”，比如，武家塬村的饮水工程就是由人民银行出资的。实施饮水工程、保障农村用水安全属于农村基础设施建设的重要内容，也是精准扶贫最基础、最应该做的工作之一，应该划拨专项财政资金统一解决，这一类“面的工程”不应该采取“滴灌方式”，这样既影响效率，也会影响精准扶贫的整体进程。因此，我们建议，对于类似饮水工程这种涉及保障基本生活的农村基础设施建设，必须坚定不移地加大投入力度，统一安排专项资金，尽快补上短板，为精准扶贫打下坚实基础。

二是加强并完善农村社会保障体系建设。保障基本生活，提高医疗、教育等民生保障水平。在武家塬村24户贫困户中，大部分人是因病、因残致贫，还有因为教育致贫的，这反映出农村医疗、教育等社会保障体系功能缺位，不足以满足农民的基本医疗及教育需求。因此，必须加大投入，完善农村特别是贫困地区农村的社会保障体系建设，确保没有一个人、没有一个家庭因病、因残、因教育致贫返贫。而对于资金来源，除了财政进行投入外，更重要的是发挥新型农村合作医疗等机制体制的作用。而对于教育保障，除了减免学费、补贴生活费之外，还必须完善奖助学金及勤工俭学制度，因为减免学费、补贴生活费只是减免负担，并不能增加收入，完善奖助学金及勤工俭学制度，不仅能够增加贫困家庭收入，还能让受资助学生自食其力、有价值感。

三是强化对扶贫项目的甄别。提高产业扶贫资金的使用效率，避免为了项目而项目。我们在调研中发现，大家都认为精准扶贫最难也最重要的是提高农民的增收能力，变“输血”为“造血”。因此，从市、县到乡镇、村，都在苦思冥想，积极探索通过上项目、搞产业的方式提高农民收入。但其实，农村无论从产业基础、资金实力、市场敏锐度还是劳动力素质来说，都不太适合搞产业，直面市场竞争。当然不排除有一些思想活跃又有强烈带领群众致富愿望的人通过发展产业实现脱贫、达到增收目的，但事实上，这样的例子并不多见。想通过参与残酷、激烈的市场竞争并脱颖而出的方式实现大规模增收，无异于缘木求鱼。再者，贫困户大多数是因病因残致贫，本身劳动力的使用就受到很大限制，有的甚至就是因为缺乏劳动力，因此发展产业也不太可能让其大幅度增收，若以参股方式实现增收，对于基本没有完善的公司治理结构的农村企业，很难相信他们的利益能够得到有效保障。

四是鼓励社会力量参与，发挥非政府组织（NGO）等社会组织的力量。目前来讲，发动非营利性社会力量参与精准扶贫，除了发动企业捐款之外，还停留在基于个人或家庭的一对一帮扶的层次，企业捐款捐建等方式缺乏长期性、持续性，而个人或家庭的一对一帮扶又无法产生规模效应。而NGO参与扶贫，既能够长期持续，又能产生规模效应。其实，NGO参与扶贫在我国具有悠久的历史。宋朝时我国就有基于家族的慈善帮扶机构“义庄”，明清时有“善会”“善堂”等慈善机构，到了民国时期，梁漱溟、晏阳初等的社会实验都是基于类NGO机构完成的，并且取得了一定的效果。新中国成立以来，由于体制的原因，NGO数量少、层次低、发展落后，在扶贫、医疗保障等本该大显身手的领域并没有发挥太大的作用。精准扶贫是一项复杂的系统工程，光靠政府远远不够，必须充分发挥NGO的力量。因此，应该改革限制NGO发展的机制体制，大力鼓励NGO参与精准扶贫，整合资源，集中力量，只有这样，才能做好精准扶贫，才能实现全面建成小康社会的目标。

脱贫攻坚，为贫困带去希望

——铜川市印台区红土镇孙家砭村扶贫调研报告

○ 黄泳　詹厚康　吴慧恬　赵春阳　陈曦

我国的扶贫开发工作始于20世纪80年代中期，经过近30年的不懈努力，取得了辉煌的成就。初始阶段，扶贫制度在设计上存在缺陷，不少的扶贫项目粗放“漫灌”，针对性不强，受益的主要还是贫困地区的中高收入农户，只有较少比例的贫困农户从中受益，且受益也相对较少。因此，原有的扶贫体制机制必须修补和完善。“精准扶贫”理念应运而生。精准扶贫是粗放扶贫的对应，是指针对不同贫困区域环境、不同贫困农户状况，运用科学有效程序对扶贫对象实施精确识别、精确帮扶、精确管理的治贫方式。近几年，扶贫开发工作已经进入“啃硬骨头、攻坚拔寨”的冲刺期，在扶贫攻坚上应进一步理清思路、强化责任，采取力度更大、针对性更强、作用更直接、效果更可持续的措施，各级政府也应在精准扶贫、精准脱贫上下更大工夫。

根据国务院扶贫办的工作部署，2002年以来，人民银行定点帮扶陕西省铜川市宜君县、印台区两个国家级贫困县。为帮助加深青年干部对扶贫工作的了解，增进与贫困群众的感情，深入倾听民声民意，深刻体察民情民风，人民银行开展了为期两天的“根在基层——贫困村里话扶贫”调研实践活动。三排二班4名组员一同，进驻位于印台区的定点扶贫示范村孙家砭村，开展调研实践活动。在调研过程中，我们了解了村子现在的基本情况，与村干部进行座谈，深入贫苦户家中走访，了解目前扶贫方面存在的主要问题，积极思考研究，希望能为贫困村民带去一些希望，为扶贫工作提出一些可行的建议。

一、孙家砭村基本情况

孙家砭村位于红土镇，辖区有5个村民小组，全村共有454户1615人，耕地面积2600亩，以第三产业、劳务输出为主导产业，农业种植作物主要有玉米、苹果、大豆等。涉农企业0个，农民专业合作社2个，全村共有贫困户88户294人（其中一般贫困户56户198人，低保户32户86人，五保户2户2人，贫困残疾户40户43人），贫困发生率18.2%。总体来看，孙家砭村属于印台区较大型的村落，人口规模较大，由于距离红土镇街道所在地较近，部分村民在镇街道上居住，经济条件较好。但贫困问题、贫困户也确实存在并且相当典型，具体案例将在后文具体分析。

二、近年来主要工作成果

近几年随着扶贫工作的开展和一系列惠民政策的实施，村容村貌得到了一定程度的改善，方便了村民的生活；产业发展得到了帮扶，提高了村民的收入和生活水平。近几年来，在村干部的带领下，孙家砭村主要取得了以下成果：

1.基础设施方面。疏通杨庄水库至四组河道3公里；水泥硬化红杨公路830米；水泥硬化三、四组巷道1200米，做排水渠1200米；砂石硬化四组至咀头生产路3公里；更换四、五组生活用水主管道400米；修砌三组门前护坡120米；新建垃圾台10个，净化村民居住环境；栽植绿化树2000棵，安装路灯120盏，美化村民居住环境；绿化一组、五组两个休闲广场，丰富村民业余生活。

2.移民搬迁方面。棚户区改造126户；扶贫移民搬迁60户；修建一、三、五组公厕各一个；一、二组移民搬迁点生活饮水工程已经完成。

3.产业发展方面。平整土地500亩；栽植矮化核桃1000亩；新栽高效双矮苹果示范园200亩；为果农发放肥料18吨；发放产业扶持资金94户；组织党员、贫困户到耀县参观考察养兔、花椒栽植产业。

4.党建方面。党的十八大以来，孙家砭村将党建和扶贫紧密结合在了一起。规范了支部党员队伍，对在册党员进行了详细的信息排查登记；建立完善了流动党员台账；组织党员干部认真学习“两学一做”各项知识，及时召开党课及专题讨论会；制定和完善了“阳光承诺”和各项规章制度，并上墙接受群众监督；制订脱贫帮困三年发展规划和年度工作计划；制订了党员干部和贫困户结对帮扶计划。

虽然近年来扶贫工作取得了相当的成效，一部分村民的生活水平得到了切实的提高，但是孙家砭村贫困情况依然存在，88户贫困户的生活仍较为困难，并且各有各的原因，各有各的难处，村干部也在想尽各种办法帮助贫困户脱贫。但是因为各种原因，扶贫工作中仍存在着很多难以解决的问题，村干部很多时候也是心有余而力不足。下面通过本组走访的几户贫困家庭，来探察贫困户所面对的困难和扶贫工作的难处所在。

三、贫困户案例

1.孙大爷一家五口人，现年57岁，老伴腿脚残疾行动不便，只能依靠板凳在地上拖行；儿子两年前结婚，孙子不到一岁，原本儿子出门打工，儿媳在家照顾家务，但2016年儿子意外车祸，腿部受伤花费了大额医药费，失去一部分收入来源，目前家庭主要收入来源为种植的几亩玉米和大豆。

孙大爷一家属于典型的意外伤害致贫，家中劳动力紧张，原本可以依靠种植、儿子外出打工基本维持一家人生活。但是由于意外伤害，他们不仅需要支付高额医药费，而且儿子暂时失去劳动能力，导致一家人收入来源单一，不足以维持生活。

访谈中，我们了解到孙大爷一家主要面临两个大问题。一是收入来源单一，抗风险能力差。目前孙大爷一家唯一的收入来源只有种植，2016年种植了玉米和大豆，但是由于气候干旱，大豆几乎全部旱死，大豆这部分收入几乎为零。类似自然灾害都可能对孙大爷一家的收入产生巨大影响。询问他们是否了解相应的保险产品，孙大爷一无所知，对于自然灾害产生的损失，只能被动接受。二是极度缺乏资金，无法通过贷款途径获得。儿子的大额手术费用、老伴的药物维持费用对于几乎没什么收入的孙家来说都是无法解决的问题。当地信用社扶贫贷款条件列明，年龄超过55岁，家中有残疾人的均无法获批贷款，因此孙大爷的资金需求根本无法通过当地信用社的贷款途径解决。单一微薄的收入和高额的医疗费用使其一家人一筹莫展。

2.本组组员吴慧恬走访的一个贫困户家庭，女主人42岁，上有一位80岁老人，下有两个上中学的孩子，一家四口仅有她一个劳动力。并且其中一个孩子患有精神疾病，看病和拿药都要去西安的医院，加上移民搬迁盖房等，目前家庭负债10万元。家里主要收入来源是7亩玉米地，家庭年收入不足3000元。该贫困户已建档立卡，属于包村扶贫对接贫困户，享受扶贫贴息小额贷款，已完成移民搬迁。虽然刚刚申请到两年无息扶贫贷款5万元，但是被采访人表示不敢取用，怕今后还不上导致信用污点。

该户人家属于缺乏劳动力致贫，一家四口中三口人没有劳动能力，全家的重担全都落在一个人身上，并且受限于劳动力不足，收入来源相对单一。户主虽然满足扶贫贷款的发放条件，也获得了贷款，但是5万元的无息贷款拿到手里，却不知道用在何处。家里只有一个劳动力，7亩玉米地的农务已经饱和，即使拿到了贷款，也不知怎样去扩大产业经营，改善家庭的收入情况。访谈过程中，一家人急需寻找增加收入的途径，希望能获得种植、养殖技术培训或就业方面的培训。从这一家目前的情况来看，金融扶贫贷款已经到位，但是如果没有其他技术、产业方面的扶贫政策配套，扶贫资金也无法达到预期的效果。一些贫困户获得扶贫贷款之后，并不知道应该用在哪里，有的用贷款还了原来的欠债，有的用贷款支付了医药费。贷款并没有用来扩大种植、养殖，发展产业，并没有可持续地增加家庭收入，仍然是一种“输血”式的扶贫。

四、调研发现的问题

1.扶贫贷款问题。在与村干部进行座谈了解情况以及汇总贫困户入户调查结果后，发现扶贫贷款发放方面存在一些问题，很多村民知道扶贫贷款，但是无奈不符合当地信用社的贷款条件，无法获得低成本的扶贫贷款。贫困户面临的最大问题是资金不足，基本都会有贷款需求。但在贫困户中，符合贷款条件的占比很小，全村共有贫困户88户，其中经过申请条件筛选，满足年龄在55周岁以下、身体无残疾、无大病、无不良征信记录要求的仅有22户。在这22户中，已经申请到贷款的不足10户。通过调研，我们发现有以下几个主要原因。

第一个原因，信用记录历史遗留问题严重。因村民多年前对征信制度了解不足，导致在办理贷款业务时，大多看在人情上互相为亲戚朋友担保贷款，且不注意所担保贷款金额，最终贷款人无法按时还清贷款，产生了不良征信记录，也对担保人产生了负面影响。没有按时还贷的贷款人和其担保人均不满足贷款要求，无法办理贷款业务。第二个原因是村民可用流动资金少，部分所贷款项用来支付上学、医疗、婚丧等费用，并没有用来发展种植、养殖，拓展产业增加收入，造成还款能力不足，在规定时间内不能还清贷款，产生不良记录，再次申请贷款就会丧失资格，所以很多村民选择放弃还款，以减少自己的损失，形成恶性循环。与此同时，也对信用社造成了一定损失，信用社在审核贷款申请时对村民的还贷能力产生怀疑，使村民贷款更加困难。第三个原因是村内金融机构少，仅有1家陕西信用合作社，未形成充分的良性竞争，一家独大。扶贫金融政策不明朗，政策解读不到位，政策宣传力度小，村民不清楚具体的扶贫细则。同时信用社管理混乱，放款速度慢，村民在满足贷款要求的情况下，办理贷款业务依旧困难重重、流程繁杂，对信用社及政策产生怀疑。部分村民在满足贷款要求的情况下顾虑重重，没有贷款意愿。

2.扶贫政策瑕疵及落实问题。调研中发现，一是一些扶贫政策存在过于理论化以及落实不到位的情况。例如，有些家庭在年初时并不是贫困户，在年中患病、遭遇车祸，丧失了劳动能力，导致家庭收入锐减。这种情况要等到第二年重新评定时才可被评判为贫困户，低保评定也要等到下一年。这期间家庭生活可能非常困难，也是最需要帮助的时候。二是村干部在为贫困户填写《脱贫目标责任书》后，按照上面设定好的时间进行工作，最终让贫困户签字，证明已经脱贫，部分贫困户拒绝签字。原因有三点：第一个原因是脱贫评定标准与实际情况相差较大（在农业上仅计算毛收入），贫困户实际并未脱贫。第二个原因是贫困户是依靠自身努力脱贫，并未依靠《脱贫目标责任书》上的政策扶持脱贫。第三个原因是贫困户只知道有《脱贫目标责任书》，但是具体的措施并未实施，最终被要求签字证明脱贫。一些贫困户对于扶贫政策的实施并不满意。

3.医疗救助问题。通过走访贫困户发现，大多数致贫原因都是残疾和重大疾病，因此医疗相关的政策对扶贫来说是至关重要的。但是现在医疗救助、费用报销等方面政策还不足以满足需要，药物种类不足，合作医疗点少，开药和报销很不方便，医药报销范围也比较小（仅报销住院费用、自费项目多），导致总报销比例低（50%左右）。因为门诊费用无法报销，许多村民选择小病不去就医，久而久之发展成大病后，无力承担医疗费用，给家庭带来了极大的压力。

五、意见和建议

1.对涉农金融机构、涉农贷款、扶贫贷款等进行专项管理和考核。就调研中发现的扶贫贷款难问题，我组认为应对扶贫贷款、涉农贷款进行专项的管理与考核，与金融机构其他贷款项目区分开来。资本是逐利的，但扶贫不能。发放扶贫贷款可能对金融机构的绩效产生影响，所以很多金融机构不乐意做这件事情。因此，在金融机构的考核方面，可以尝试将扶贫贷款、涉农贷款独立出来，采用不同于利润、不良贷款率等指标的考核方法进行考核。这样一来可能会提高金融机构的积极性，让金融扶贫在政策层面更加精准和可行。

2.对于获得金融扶贫资源之后的贫困户，应该进行跟踪反馈。帮助贫困户脱贫是一个全过程的事情，并不是发放完扶贫贷款，就由贫困户自己去发展。很多贫困户获得了贷款之后，并没有高效地利用，有的甚至只是放在活期里不敢动用。对于扶贫贷款的使用，需要其他配套的扶持。对于有劳动能力的农户，可以介绍宣传可行的种植、养殖技术，提高贫困户的增收能力，真正地实现扶贫“造血”。对于劳动能力不足的贫困户，可以通过村委会村干部，协助其入股村合作项目，获得分红等收益。本次调研的孙家砭村，村干部在脱贫致富方面其实比较有思路，几位村干部正计划在村里开展合作养兔项目。这样一来，缺乏劳动能力的贫困户也可以通过参股的方式，定期获得一些分红，改善家庭状况。

3.加强基础设施建设。饮水、交通、公共设施等属于农村基础设施建设的重要内容，也是精准扶贫最基础、最应该做的工作之一，基础设施建设确实需要大量的资金，一部分通过划拨专项财政资金解决，另一部分也可以通过引入社会资本，多方动员力量灵活运用各种方式解决农村的基础设施建设问题。针对铜川市的某些短板，比如，饮水难、用水难的问题，应该优先安排专项资金，尽快补上短板。基础设施建设是精准扶贫的坚实基础，虽然需要资金量大，但是也是扶贫路上必须解决的重要问题。

4.注重社保体系建设。医疗、教育等社会保障体系，能够保证村民的基本生活水平。在走访过程中发现，大部分贫困户是因病、因残致贫，少部分是因为劳动力少、教育所需费用高等原因致贫，这反映出农村医疗、教育等社会保障体系功能缺位，不足以满足农民的基本医疗及教育需求。医疗方面，现有的农村合作医疗机制是一种解决办法，但是合作医疗所覆盖的范围仍需加大，尽量覆盖较多的药物，如果可能的话提高报销比例，帮助贫困户“节流”。而教育方面，教育意味着农村的未来，对于贫困户家庭的学生最好能相应减免学费、补贴生活费，多提供勤工俭学的机会，让学生能够自食其力。

关于赴陕西省宜君县尧生镇车村开展金融助力脱贫攻坚调研情况的报告

○ 耿显维　冯庄　陈曦　刘天华　孙国栋

习近平总书记多次强调，为全面建成小康社会，最艰巨的任务在于脱贫攻坚，而最突出的短板也是脱贫攻坚。当前，党中央国务院对于脱贫攻坚工作高度重视，投入力度和责任硬度前所未有。根据国务院扶贫办的工作部署，2002年以来，中国人民银行定点帮扶陕西省铜川市宜君县、印台区两个国家级贫困县。为了加深对金融助力扶贫工作的了解，2016年9月24日，人民银行机关团委组织总行青年干部赴铜川市开展金融助力脱贫攻坚调研工作。铜川市是人民银行“全国扶贫开发金融服务工作联系点”，调研小组深入铜川市印台区和宜君县，进入农户家进行现场调研，实地了解金融扶贫开发服务的开展情况、相关成果和存在的不足。现将调研情况汇报如下。

一、调研的基本情况

本次调研小组共五人，成员均来自人民银行直属单位中国金融电子化公司，分别是耿显维、冯庄、陈曦、刘天华、孙国栋。调研小组通过入户扶贫调研、开展金融知识宣传、举办“我为扶贫献一策”座谈会以及帮助农民进行田间劳动等方式，以调查问卷的形式，对扶贫工作开展情况进行了深入的了解。本次调研的目的地是陕西省铜川市宜君县尧生镇车村。

尧生镇位于宜君县东部，距离宜君县城30公里，下辖1个办事处（雷塬办事处）、30个行政村，103个村民小组，车村为尧生镇30个行政村之一。尧生镇是一个以黄土残塬沟壑地貌为主的典型鱼养农业镇，平均海拔1220米，昼夜温差大，土层深厚，雨水充沛，是苹果栽培的最佳适宜区。改革开放以来，在党的富民政策的指引下，尧生镇形成了一支80余人的技术骨干团队，注册成立了4个苹果专业合作社、1个苹果协会，建立了3个省级优质苹果生态示范园，1个省级一村一品苹果示范村，成为以苹果生产为第一支柱产业的优秀经济强镇。

车村位于尧生镇政府东2.5公里处，距离宜君县城25公里，辖3个自然村，4个村民小组。全村共158户，594口人，男女比例相当，常住人口有300多人，外出人口主要是求学和务工，农忙时节，全村有450多口人。车村共有党员30名，其中女党员9名，大专以上学历4名，高中文化程度12名，初中文化程度10名，文盲4名。村党支部由5人组成，村委会由5人组成，村民监督委员会由3人组成，在村委会的带领下，车村曾获得了“省级文明村”“全国民主法治示范村”“全国计划生育示范村”等多项荣誉称号。车村产业主要是以种植业为主，全村仅有2户村名从事畜牧养殖业，规模较小，其余大多从事种植业。车村现有耕地面积1854亩，主要种植苹果，面积为1310亩，已挂果910亩。少量耕地种植玉米、豆类和杂粮。依靠苹果种植这个支柱产业，车村在

2015年人均纯收入达到12850元。1999年的时候，村里158户还有80户左右的贫困户，通过这些年政府的政策扶持，从粗放的玉米种植升级到经济效益较好的苹果种植，截至目前全村仅剩贫困户11户。其中有3户是五保户，1户已送到敬老院，所有费用由政府财政承担。其余8户中，因病因残卧床、智力低下和患有间歇性精神疾病的有6户，村里安排了专人常去帮忙照顾。贫困户不仅可以领取农村最低生活保障补助，年龄达到60岁以上还可以领取国家养老保险，达到70岁以上可以领取老龄营养补贴。贫困户由村里资助全部参加了农村合作医疗，看病药费实现100%报销，此外，逢年过节村委会还会送去慰问金和粮油等生活必需品。车村在2016年被确定为“金融普惠示范村”，陕西信合在村里设立了金融服务点，每周有一天专门为村民上门办理存取款、贷款等业务。

二、调研的相关成果

1.调研农户基本情况。本次入户调查选取村中种植大户、低保户、因病致贫户等中的代表性农户，共计10户。年龄在30～75岁，最高学历为高中（2人），最低学历为小学（1人）。家庭人员数量最多者7人（1户），最少者2人（1户），其余家庭人数均为4～6人。家中老年人数量最多者3人（1户），最少者0人（2户）。家庭未成年人数最多者3人（2户），最少者0人（1户）；家庭外出打工人数最多者2人（1户），最少者0人（5户）。

调研农户家庭收入来源方面，农业生产作为主要收入来源的有8户，其余2户主要靠政府救济和村委会帮扶。家庭年收入8万～10万元者5户，家庭年收入5万～8万元者3户，其余2户收入在2万元以下。

调研对象中，家庭有负债的有3户，其中负债额度为2万元（含）以下者2户，负债额度在5万元以上者1户。

现有金融机构贷款的有1户，贷款金额为8万元，所贷款项主要用于扩大农业生产。

2.扶贫政策落实情况。家庭贫困情况方面，10户家庭中，属于贫困户的有4户，占比40%。其中，2户属于政府救济贫困户（五保户），1户享受农村最低生活保障补助，1户不享受任何国家帮扶政策，仅靠村委会扶持。这些家庭贫困的主要原因是疾病和残疾导致家中没有可用的劳动力。

扶贫政策方面，3户贫困户均了解陕西省最低扶贫标准；享受扶贫政策并获得实惠的家庭有2户，获得过政府（含村委会）来源补助的有3户。所有贫困户均认为政府对扶贫情况经常进行公布。

3.基本金融服务情况。由于目前距离受访者家里最近的银行机构均在3公里以内，以及村委会配置了小额自助取款机方便农户日常生活现金需求，因此，在金融服务情况这部分调查中，有70%的受访者选择金融服务满意程度为“满意”，20%的受访者表示“较为满意”，10%的受访者表示“一般”，没有人选择“不太满意”。

在改善金融机构存取款业务方面，大多数受访者表示应该增加银行办理窗口，从而缩短办理业务等待的时间。在贷款业务改进方面，受访者认为需要改进的方面主要有手续复杂、审批时间长（6户），提供的贷款额度小（4户），贷款利率偏高（3户），过分强调抵押担保（2户）等。

4.农户金融需求情况。调查农户中，最近一年有贷款需求的受访者有5个，其余受访者均无贷款需求，有金融需求的受访农户占调研对象的一半。在有贷款需求的受访农户中，只有1名受访者从银行成功获得贷款。而贷款主要用于农业生产投入（购买种子、化肥、农机等）以及子女教育投入。受访者需要贷款金额为1万～5万元，有80%的受访者期望贷款期限为三年以上，仅有20%的受访者期望贷款期限为一年至两年。贷款利率方面，大多数受访对象能够接受的贷款利率为6%～7%。

5.金融精准扶贫调查情况。在金融精准扶贫这一部分的调查中，知道“精准扶贫”含义的受访者仅有3人，其余调查农户均不知道“精准扶贫”含义，由此可见当地政府对于“精准扶贫”所做的宣传工作还不够。当问起“当地金融机构是否向您实地调研过您的金融需求”时，有70%的受访者表示没有人负责，另有30%的受访者表示银行只负责片区，并没有实地了解过。在银行实施精准扶贫的难点方面，受访对象认为扶贫政策不配套的占20%，认为金融机构人手不足的占30%，认为金融机构难“接地气”的占20%，认为部分机构单位只注重形式、走过场的占30%。

受访农户认为脱贫效果较好的途径主要有政府加大投入，改善基础设施条件、政府提供好的项目以及得到低息或贴息贷款。对银行提升精准扶贫效果的选择主要有银行要积极参与农村信用体系建设、银行要进一步扩大金融服务覆盖面以及银行要加强金融政策、金融知识、金融产品的宣传推广。对改善精准扶贫的建议方面，主要有通过贴息或者提供低息贷款降低利息负担，增强农户抵御疫情、自然灾害等风险的能力，以及在婚丧、嫁娶、疾病、子女上学时提供必要的消费信贷支持。

三、调研中发现的问题

通过对车村调研的相关情况进行分析，我们了解到当前金融扶贫政策实施方面存在以下一些问题。

1.贷款手续复杂，审批流程过长，且需抵押担保，贫困农户贷款难问题仍较突出

随着近几年金融支农惠农政策的普及，农村金融服务的环境也在发生较大的改变。但是现行的抵押贷款政策较为严格、程序较烦琐，给有贷款意向的农户带来了负担。对于真正需要贷款的贫困农户，由于他们很难达到传统金融机构贷款的准入门槛，贷款难的问题仍然比较突出。传统金融机构为了降低贷款风险和运营成本，往往要求贷款对象有完整的财务报表、有合格的抵押物或担保人。贫困农户单笔贷款额度较小，也缺乏财务报表及抵押物，很难满足金融机构的贷款准入要求。以我们调查的车村为例，满足贷款申请条件年龄在55周岁以下、身体无残疾、无大病、无不良征信记录要求的贫困农户很少，真正能够申请到贷款的贫困农户寥寥无几，无法享受到精准扶贫带来的免息贷款。

2.农村金融知识普及率低，扶贫政策宣传不到位，金融服务环境有待进一步提高

农民的文化水平普遍较低，扶贫政策宣传不到位，农民获取金融知识的渠道较少，从而导致当前农村的金融知识普及率低。我们在车村的调研中发现，村民获取金融知识的途径主要是村里的金融宣传墙以及村委会的宣传，而这些宣传方式往往流于形式，未能让村民真正理解其实质含义，无法真正提高村民的金融知识水平。对于目前普及率较高的移动支付等新兴金融支付交易方式，大多数农民往往被拒之门

外，只有少数受教育程度较高的年轻人才能够使用。此外，尽管相关金融机构在村委会设立了金融服务点，为村民提供定期的金融服务，但由于服务能力有限，往往不能满足村民的特殊金融需求。由于缺少固定的金融服务机构，为了获取金融服务，村民需要到较远的镇上甚至到市里去办理，这在一定程度上影响了农民资金的流转，农村的金融服务环境有待进一步提高。

3.产业结构单一，农民家庭和农业生产抗风险能力低

调查中我们发现，当地绝大多数农户依赖农业生产作为主要收入来源，而农业生产主要是苹果的种植。这种单一的产业结构直接导致当地农民家庭整体抗风险能力低，一旦出现气候异常影响苹果产量，或市场波动引起价格水平波动较大，家庭的经济状况就会受到很大影响。例如，调查中就有农户反映有一年果树遭冰雹袭击，当年的苹果产量很低，也卖不上好价钱。此外，当地农民也缺乏足够的风险防范意识。目前，车村绝大多数农户的果园没有投保任何险种，基本还是靠天吃饭。虽然有个别农户意识到购买保险的必要性，但由于缺乏相应的险种以及保险赔付率低等原因，也未实际进行投保。另外，保险公司考虑到自身的收益，不愿意针对苹果种植发展相应的险种，也导致了目前投保难的局面。

4.农村信用环境建设薄弱，部分农户信用意识不强

调研过程中，村委会反映有少数贷款农户没有良好的信用意识，对信用记录不重视，在办理贷款业务时互相担保，且不注意所担保贷款金额，最终导致无法按时偿还银行贷款，产生不良征信记录。另外，对于贫困户贷款的使用也缺乏有效监督，部分贷款用来支付上学、医疗、红白喜事等

费用，而不是用来进行生产建设，导致部分村民还款能力不足，在规定时间内不能还清贷款。以上几种情况下，因已产生不良记录，农户再次向金融机构申请贷款非常困难。因此，农村的信用体系建设仍然需要进一步加强。

5.基础设施建设薄弱，社会保障体系滞后，成为脱贫攻坚的一大障碍

自从党中央国务院打响“脱贫攻坚”战役以来，我国大部分地区已经逐步脱离了贫困，仅有少数人口仍在贫困线以下。这些仍然在贫困线下的人口，有相当一部分是因为疾病和残疾导致的。以车村为例，全村10户贫困户均为因病因残致贫。因此，要想实现全面建成小康社会的目标，必须集中精力将脱贫的重点放在这一部分人群上面。当前，我国农村的公共基础设施尚不完善，医疗救助政策尚不健全，未形成有效的医疗保障体系，不能满足那些有迫切需求的贫困农民。例如，当前的新农合保险报销的仅仅是住院的费用，门诊费用不在报销范围，自费项目也较多，且是按比例报销，导致最终大病的实际报销额相对于全部医疗费用来说常常微不足道。那些身患疾病的农民由于自身经济能力不足，往往小病不就医，发展成为大病后，更加无力承担高昂的医疗费用。

四、进一步工作的考虑和建议

1.进一步完善农村金融服务体系，提高农村金融服务水平

当前我国农村的金融服务体系尚不完善，农村金融服务总体上仍处于较低水平，因此，完善农村金融服务体系是当下亟待解决的问题。加强金融环境的基础设施建设，充分利

用移动金融的优势，发展电子结算方式，提高农村资金周转的效率。进一步拓展相关金融机构在农村的服务领域，拓展信贷业务的触角，针对有金融需求的农户提供直接的资金支持。优化贷款流程，积极推动政府相关职能部门出台扩大抵押担保物范围试点，并制定相应的配套措施。贷款的便利性提高了，农民的贷款积极性也就高了，从而能够在农业生产中投入更多的资金。当地政府应推动银行金融机构针对特定群体农民特定用途贷款给予足够的利率下调，减轻农民还贷负担，同时当地人民银行分支机构还应充分运用支农再贷款货币政策工具，引导支农再贷款支持农村多样性和创新型的生产经营体制。加大力度开展信用评级工作，改善农村信用环境，逐步创造为农户提供信用贷款的有利环境。进一步完善我国农村地区的金融服务体系，提高农村金融服务的覆盖范围和便利性。进一步加大农村金融基础设施建设，提高金融深化程度，通过增设银行网点、提高流动网点数量和流动频率、增设金融自助设备、推广电子银行等，提高广大农民的金融服务可得性。

2.加大农村地区金融知识宣传力度，推进农村金融产品和服务方式创新

加大农村地区的金融知识宣传力度，提高农民的金融知识水平。在农村地区定期开展金融知识宣传和扶贫贷款推广活动，设立金融知识书屋，创建金融知识广场。金融机构要服务于农民对金融的实际需求，采取农民容易接受的形式来宣传金融知识。选派专业人员深入辖区贫困县乡村驻点，集中开展金融知识宣传活动，了解贫困村的金融需求。积极组织开展农业保险的宣传工作，提高农户的保险意识。引导金融机构结合当地金融需求，设计打造符合当地特色的产品

和服务，尝试构建符合农村特点的新型担保机制，推广与发展最高额抵（质）押形式的循环贷款，因地制宜地确定农村宅基地、经济林权和土地使用权等抵押方式，积极探索建立农村小额贷款机制，有效降低信贷的交易成本。充分发挥人民银行的主导作用，提高农村支付环境建设水平，扩大农村地区支付系统覆盖面，提高支付清算效率。扩大农村现代化支付系统的覆盖面，提高资金使用效率，逐步构建城乡一体化的支付清算网络系统。创新金融产品，改善金融服务，鼓励当地银行业金融机构创新组织、产品和服务，积极探索开发适合贫困地区现代农业发展特点的贷款专项产品和服务模式。

3.改善农村产业布局，发展农业保险，提高农业生产抗风险能力

改善农村地区的产业布局，发挥龙头企业带动作用，延长农产品产业链。目前仅靠单一品种果树，行业依赖性过高，而且果树种植以家庭为单位，未形成一定的经济规模。应以果树种植为契机，积极推动当地产业结构调整，培育有竞争力的园区、产区和企业。在优质企业的带动下，延长果树种植产业链，发展苹果相关产品的加工等，为可持续发展提供条件。

农业保险能够减少自然灾害对农业生产的影响，对农业贷款起到分散风险和缓冲垫的作用。要想提高农业保险的覆盖面和参与度，需从两方面入手。一方面，从政策层面入手，不断加大政策支持与财政支持，保证农业保险作为一项基本制度得到全面实施，为农业保险提供政策保障；另一方面，从提高农户的保险意识入手，相关部门应积极组织农业保险的宣传工作，积极引导农户参与相应的险种，提高农业

生产抗风险的能力。

4.进一步加强农村信用体系建设，改善农村社会信用环境

加快推进信用体系建设，引入企业、个人征信机制，通过电子化、信息化的技术手段，建立和健全农民和农村中小企业信用体系档案，设立信用评级信息共享机制。鼓励和引导农户和农村中小型企业主动配合金融服务机构和征信机构采集征信信息，提高农户的信用意识和农村的信用环境。建立农户信用信息采集和评价系统。实行资产评估、信用等级评价、授信额度评定，建立信用等级评价机制。实行信用贷款、抵押贷款、联保贷款“三联动”，建立农户信用信息采集和评价系统的成果运用机制。实行政府、银行、农户“三联手”，建立三方协作互动机制。对信用户、信用村（镇）制定出台贷款优惠政策，实行贷款优先、利率优惠、手续简便、额度放宽等优惠措施。

5.加强农村地区基础设施建设，提高农村地区的公共服务水平

提高农村地区公共服务水平，提升基础设施建设水平，为贫困地区人口脱贫营造良好环境。要完善贫困地区的基础设施建设，加强规划管理，提高贫困地区的公共服务水平，加快实施农村教育、卫生医疗、住房、就业、社会保障等民生工程。有关部门尽快完善农村医疗保障体系，简化农民异地就医、转院治疗的手续，加大财政和有关专项资金的支持力度，提高异地就医的报销比例，扩大医疗报销的范围，扩大医保范围内的药品名单，加大对村镇医院的软硬件投入。优化农村医疗卫生站的布局，加大对贫困地区的医疗投入。同时，全面落实农村最低生活保障制度、五保户、低保户等

制度，进一步发展农村社会养老保险，提高新型农村合作医疗保险的报销比例和报销范围。进一步完善农村医疗保险制度，以新型农村合作医疗和农村最低省会保障制度为重点，推动农村社会保障事业发展，提升农村地区的公共服务总体水平。

五、结语

以上是本次调研组在陕西省宜君县尧生镇车村开展金融助力脱贫攻坚调研情况的报告。通过此次调研活动，调研组成员对党中央国务院制定的扶贫政策有了更加深刻的认识，对农村地区的金融现状和扶贫脱贫政策的具体执行情况有了更加深入的了解，对扶贫政策下一步努力的方向也形成了自己的一些看法，这一次难得的体验将深深印在小组每一位成员的脑海里，这些宝贵的经验也将指导大家在以后的工作中通过实际行动为广大人民群众服务。同时，调研活动也在一定程度上提升了当地村民的金融意识，对扶贫政策在当地的宣传起到了一定作用和效果。

扶贫开发是我国的一项长期国策，对我国政治稳定、经济发展、社会和谐具有重要意义。只有彻底消灭了贫困，我们国家才能尽快跻身发达国家行列。在今后的工作中，我们应该不忘初心，拧成一股绳，撸起袖子加油干，为实现全面建成小康社会的宏伟目标、为实现伟大的中国梦贡献自己的一份力量。